Pino Cacucci

TINA MODOTTI

Ein brüchiges Leben in Zeiten absoluter Gewißheiten

Aus dem Italienischen von Michaela Wunderle

verlag neue kritik

Die italienische Originalausgabe erschien 1988 im Verlag Agalev Edizioni unter dem Titel »I fuochi le ombre il silenzio. La *fragil vida* di Tina Modotti negli anni delle certezze assolute«

CIP-Titelaufnahme der Deutschen Bibliothek

Cacucci, Pino:
Tina Modotti: ein brüchiges Leben in Zeiten absoluter Gewißheiten / Pino Cacucci. Aus d. Ital. von Michaela Wunderle. – Frankfurt (Main) : Verl. Neue Kritik, 1989
Einheitssacht.: I fuochi le ombre il silenzio ‹dt.›
ISBN 3-8015-0227-9

Die Fotos auf den Seiten 6, 36, 126, 134, 161 und 172 stammen vom Verfasser
Umschlag unter Verwendung eines Modotti-Bildes von Edward Weston
Satz und Druck: Fuldaer Verlagsanstalt GmbH Fulda

Mit Blick auf die Vergangenheit
widme ich dieses Buch der Erinnerung an Gianfranco –
für die Gegenwart
dem kleinen Land Nicaragua, das die Würde eines
ganzen Kontinents verteidigt

Das Grab von Tina Modotti in Mexico-City

1

Am Ende hieß es, die nächste Haltestelle sei wohl das Observatorium. Die Diskussion darüber dauerte lange, so wie im übrigen alles in diesem Land. Der eine versichert, die Haltestelle sei ganz nah, der andere macht dich darauf aufmerksam, wie weit es noch sei, aber wenn du die Endstation nennst, sind sich schließlich alle einig. Der Stadtplan ist keine große Hilfe; überdies ist der Friedhof darin als eine mit Kreuzen bestandene Lichtung eingetragen, die aus dem Netz der Metroverbindungen herausfällt. Nach eindreiviertel Stunden und mehrmaligem Umsteigen erblicke ich das Tageslicht wieder. Die Auskünfte, die man mir eifrig erteilt, sind höchst widersprüchlich, doch mir wird klar, daß ich noch ein gutes Stück mit dem Autobus fahren muß. Auf meine Frage: »Und wie lange würde ich zu Fuß brauchen?« jedesmal das gleiche Lächeln.

Der Busfahrer lenkt seinen Wagen mit der unbekümmerten Verrücktheit, mit der in dieser Riesenstadt hier jeder fährt, der ein Steuer in der Hand hält. Auf die Frage, ob er mir sagen könne, wann die nächstgelegene Haltstelle zum Pantheon Dolores komme, senkt er als Antwort nur träge die Augenlider. Ihn nochmals zu stören, wage ich nicht. Ich kauere mich neben dem Fahrersitz nieder. Ein Artikel aus dem *Excelsior* vor einigen Wochen fällt mir ein, in dem gefordert wurde, gegen die *Ruta 100,* die mexikanischen Stadtbusse, einzuschreiten. Der Artikel berief sich auf eine Klausel der Genfer Konvention gegen den Einsatz von Giftgasen; aber auch ohne Abgaswolken wäre die Luft der zerrissensten

Metropole der Welt nicht mehr zu atmen. Paradoxerweise entsteht der Eindruck, nur die Luft unter der Erde enthalte noch etwas Sauerstoff.

In jeder Kurve lehne ich mich zum Fahrersitz hinüber, der Fahrer soll sehen, daß ich noch da bin. Dann endlich, an einer Haltestelle, als der Bus schon wieder scharf anfahren will, ein deutlicher Wink. Unter den leicht resignierten Blicken der Fahrgäste schiebe ich mich nach draußen. Diese Ausländer mit ihrer sinnlosen, unverständlichen Eile ... Dann stehe ich am Kreuzpunkt zweier chaotischer Avenidas, ohne jede Ahnung, welche Richtung ich einschlagen soll. Der Polizist, an den ich mich wende, weiß nichts Besseres, als gegenzufragen: »Zu welchem Eingangstor von Pantheon Dolores wollen Sie denn?« Ich, naiv: »Das weiß ich nicht.« Er zieht eine Augenbraue hoch, dann die Schultern, der Finger weist auf einen Punkt im All: »Da vorn.«

Endlich, der Friedhof Dolores. Ob dies hier der Haupteingang ist, weiß ich nicht, aber groß und gut bewacht ist er. Ohne zu überlegen, stelle ich dem Wärter mit dem ernstesten Gesichtsausdruck meine Frage, die ich, kaum ist sie gesagt, am liebsten wieder zurücknehmen möchte, so dumm klingt sie. Ein musternder Blick von oben bis unten; dann wendet er sich an einen Kollegen. Ein aufreibender Austausch von Meinungen und klugen Reden hebt an. »Was haben Sie gesagt, wie heißt sie?« fragt ein dritter dazwischen. »Tina Modotti ... « Ein vierter löst sich aus dem kleinen Haufen: »Wenn sie bekannt war, liegt sie bestimmt bei den ›Berühmten Männern‹.«

Zustimmendes Gemurmel; dann einer, der einwendet: »Aber sie war doch eine Frau!« Höhnisches Gelächter bringt ihn zum Schweigen.

Der Friedhofsabschnitt ist nicht weit, ich muß nur zwei- oder dreihundert Meter die Hauptallee hinunter gehen. Hatte ich zunächst den Eindruck, ich sei auf dem Père Lachaise, bezeugen die Grabmäler aus der Nähe alle die für Mexiko typische sonderbare Vorstellung vom Tod. »Berühmte Männer«, ein weitläufiger Rundbau, ist nicht ohne eine gewisse, durch die schreienden Farben einiger Grabmäler etwas geminderte Erhabenheit. Hier befinden sich die Unsterblichen: Rivera, Siqueiros, Orozco. Fein gemeißelt und prächtig die Gruft von Rivera: ausgesuchte Steine, eine Totenmaske, Bronzestatue, Inschriften und so weiter. Auffallend, vulgär und aggressiv das Grabmal von Siqueiros: eine Art

Supermann, frei im Raum in einem Wirbel von Energie, in roten und gelben Farben, von größenwahnsinnigen Ausmaßen. Einfach und streng das Grab des dritten: ein Granitblock, ein anonymer Monolith erinnert an den Anarchisten Orozco, den spröden Künstler, der mit keiner Macht paktierte, weder, indem er staatliche Ehrungen entgegennahm wie Rivera, noch, indem er dem stalinistischem Irrglauben verfiel wie Siqueiros. Im Gedächtnis seines Landes gilt er als der geringste der drei Maler, doch in der ganz und gar mexikanischen Welt der revolutionären Wandmalerei war er der einzige wirkliche Neuerer. Dann gibt es hier noch ein paar fragwürdige Politiker und Militärs, stolze Köpfe für die Nachgeborenen; da und dort, von soviel Heroismus überwältigt, traurige, ja bestürzte Gesichter von Poeten. Bei einigen Gräbern und dazugehörigen Büsten vermögen nicht einmal gewundene Sätze und Absichtserklärungen rechtfertigen, warum sie hier bei den »Berühmten« liegen. Einzig und allein ihr Reichtum war es, der diesen Toten auch auf dem Friedhof einen Ehrenplatz garantiert hat.

Denselben Weg wieder zurück; ich stoße auf ein kleines Verwaltungsgebäude mit einem, wie sich herausstellt, relativ großen Archiv. Drinnen ein Anblick wie in einem Polizeikommissariat, eine Heerschar von Schreibtischen für die Beamten, einfache Tische für die Handlanger. Von Zimmer zu Zimmer irrend, finde ich schließlich jemanden, der sozusagen für die Vergangenheit zuständig ist. Hier herrscht eine andere Atmosphäre; ein Anblick wie aus dem 19. Jahrhundert, zahllose verstaubte, mit schwarzen Bändern zusammengehaltene, mit sepiafarbener Schrift eng beschriebene Bücher. »Neunzehnhundertzweiundvierzig?« schnaubt er ungläubig, doch freundlich und selbstbewußt wie ein jeder Optimist, der meint, alle Probleme lösen zu können. Sein Zeigefinger gleitet über weite Flächen aus vergilbtem Papier. Beim Umblättern wirbelt der Staub eines halben Jahrhunderts auf. »Am 5. Januar ist sie gestorben«, sage ich. »Vermutlich wurde sie dann am 6. oder 7. begraben.«

Sie ist nicht zu finden. »Sind Sie sicher, daß sie noch hier ist, auf Dolores?« Bin ich nicht, aber ich bemühe mich, ihn davon zu überzeugen. »Ich habe noch nie etwas von ihr gehört, aber wenn sie berühmt war und sogar die Freundin von Rivera und Neruda, da müßte sie bei ...« »Nein, bei den ›Berühmten Männern‹ liegt sie nicht.« Ich spüre, wie seine Hilfsbereitschaft nachläßt. »Also ... bei den Italienern ist sie nicht und bei den Europäern auch nicht.« Mühsam schließt er das soundsovielte Buch. Erst jetzt entdecke ich, daß es auch eine Einteilung nach Staaten gibt. »Sehen Sie den da?« Er hebt einen Block aus schwarzgrünem Karton hoch. »Alles Deutsche!« Ich begreife nicht, zeige mich jedoch interessiert. Dann ein Seufzer: »Uns bleibt nichts anders übrig, als unter den ›Normalen‹ nachzuschauen ...« Und mit unzufriedener Miene entschwindet er wieder hinter den Regalen.

Am Ende bin ich es, der sie findet, auf einer Seite, die er schon umschlagen wollte: *Tina Adelaide Luigia Modotti*, ein Datum, eine Reihe von Buchstaben und Zahlen, eingetragen von einer Feder, die unter dem verstärktem Druck der Hand sich spreizte; eine Schrift, die heute niemand mehr nachahmen könnte.

Er blickt mich verblüfft an. »Das ist ein ewiges Grab. Der Käufer ist aber anonym.« Und setzt eilig hinzu: »Uns ist nicht bekannt, wer es gekauft hat.« Ich begreife nicht, was daran sonderbar sein soll, ihm jedoch erscheint es entschieden ungewöhnlich. Danach nimmt er ein Blatt Papier, notiert die Stelle, ruft jemanden herbei und versichert mir, man würde mich dorthin begleiten. »Allein würden Sie den Platz nie finden.«

Ich folge dem Mann durch eine lange Reihe von Kreuzen und kleinen Wegen, steige über alte, vergessene Gräber hinweg. Es geht leicht bergan, einen Abhang ohne Zugeständnisse an die Hecken und Bäume der »Berühmten«, und um uns herum, so weit das Auge reicht, schrägstehende Kreuze, Plastikblumen, Vasen und heidnische Altärchen in schreienden Farben, Ausdruck des ausgesprochen paradoxen Katholizismus Lateinamerikas. Nach einem Kilometer vielleicht dreht sich mein Begleiter um und beteuert lächelnd, es dauere nicht mehr lang; dann plötzlich bleibt er stehen und blickt schulterzuckend zu seinen Füßen. »Hier müßte es sein, doch, doch ...« Er scheint selbst nicht so recht daran zu glauben und wirft mir wie zur Entschuldigung einen schrägen Blick zu.

Unter hohem Gras und trockenen Ästen ist das Grab kaum noch zu sehen, aber ich erkenne ihr Gesicht im Profil, das Relief, das mir aus einem Buch bekannt ist. Ich beuge mich hinab, um es zu berühren, um Staub und Blätter abzuklopfen, die es bedecken.

Tina Modotti, hermana, no duermes, no, no duermes... pura es tu frágil vida. De abeja, sombra, fuego, nieve, silencio... * Nerudas Worte sind nahezu unleserlich. Ich kenne sie auswendig. Der Photographie nach habe ich mir eine Grabstele vorgestellt, statt dessen jedoch bedeckt nur eine Steinplatte den Boden. Die Platte hat einen Sprung, es ist nur eine Frage der Zeit, wann sie völlig durchbricht und einsinkt...

Der Friedhofswärter steht noch da, ungerührt ob meiner Melancholie. Wie kann einer auch wegen einer Toten, die vor mehr als vierzig Jahren starb, traurig werden...

»Puedo invitarle a una cerveza?« Ich krame in einer Tasche herum. »Como no!« + Schon trabt er mit dreihundert Pesos in der Hand davon. So ist es besser; ich möchte in aller Ruhe noch ein paar Photos machen, darüber nachdenken, wie ich bis hierher gekommen bin, und ob es einen Sinn hatte, heute ihr Grab zu besuchen. Daß es derart verlassen ist, hätte ich nicht gedacht, denn im Grunde ist Mexiko das einzige Land, das eine lebendige Erinnerung an sie bewahrt hat. Die letzte Ausstellung ihres photographischen Werks fand erst vor wenigen Jahren statt, die wichtigsten Tageszeitungen widmeten ihr lange Artikel. Und nun hier dieses fast zerfallene Grab, die vom Sand zerriebenen Verse Nerudas, das verwitterte Profil aus einfachem Stein. In weniger als einem Monat wird das Unkraut wieder zugewachsen, das Grab von Gestrüpp und Blätter wieder überdeckt sein; und doch beuge ich mich hinab und reiße die aus den Steinritzen sprießenden Halme, möglichst mit der Wurzel, aus und klopfe mit der Hand die Erde zurecht. Vermutlich wäre es sogar eine Zeitverschwendung, wenn ab und zu jemand vorbeikäme und das gleiche täte.

Ich schieße noch ein paar Photos und schlage dann die Richtung ein, in der ich den Ausgang vermute. In den langen Monaten meiner Recherche bin ich so tief in das Leben Tina Modottis eingetaucht, daß ich sie persönlich zu kennen meine. Und zwar so gut, daß ich mich schlecht

* Tina Modotti, Schwester, du schläfst nicht, nein, du schläfst nicht... rein ist dein zerbrechliches Leben. Aus Biene, Schatten, Feuer, Schnee, Stille...

\+ »Darf ich Ihnen ein Bier spendieren?« »Aber ja!«

fühle, wenn ich in alten Zeitungen die Schmähungen und Anwürfe nachlese, die damals, als ihre Lebensgier Anstoß erregte, gegen sie erhoben wurden. Vor allem durch die Bilder, die sie als junge Frau im Kreis junger Leute zeigen, ist mir oft die zeitliche Distanz abhanden gekommen. Und nun ist es so, als hätte ich begriffen, daß sie seit fünfundvierzig Jahren tot ist, und ich sie nie mehr kennenlernen werde.

2

Das »San Diego« hatte mir ein Freund empfohlen und dann sofort hinzugefügt: » . . . falls es noch steht.«

Tatsächlich hatte das Erdbeben ringsherum alles in Schutt gelegt, das Hotel selbst jedoch scheint unversehrt. Eine Art selektiver Erdstoß, der die von den Spaniern errichteten Gebäude – bis hin zu denen von Pofirio Diaz und die späteren – vollkommen intakt gelassen und all die fürchterlichen Bauten mit den über zwanzigtausend Unglücklichen, die hier wohnten, dem Erdboden gleichgemacht hatte. Ich meide die altersschwachen Fahrstühle, denn fast jede Woche erinnert ein kleiner Erdstoß daran, daß die aztektischen Götter die Last der Kirchen, die sich über den Fundamenten ihrer Pyramiden erheben, nicht dulden. Aus dem Restaurant der übliche undefinierbare Geruch, auf der Straße die übliche schmutzige Hitze. Zu Fuß ist es nicht weit, und trotz der unerträglich grauen Luft schaue ich mich lieber um und verzichte auf die frische Luft in der Metro. Der Palast der Schönen Künste liegt hinter dem Hotel, eine Marmorpracht in Jugendstil, entworfen von einem der vielen vom Pomp des letzten Diktators angezogenen italienischen Architekten. Als ich zur Calle Abraham González komme, sind meine Kleider naßgeschwitzt, und ich verspüre wenig Lust, Fragen zu stellen. Die Nummer 31 ist von der Straße her nicht zu sehen. Unter den neugierigen Blicken einiger Jugendlicher trete ich in einen Innenhof; an der letzten der vier Eingangstüren wende ich mich an eine Frau.

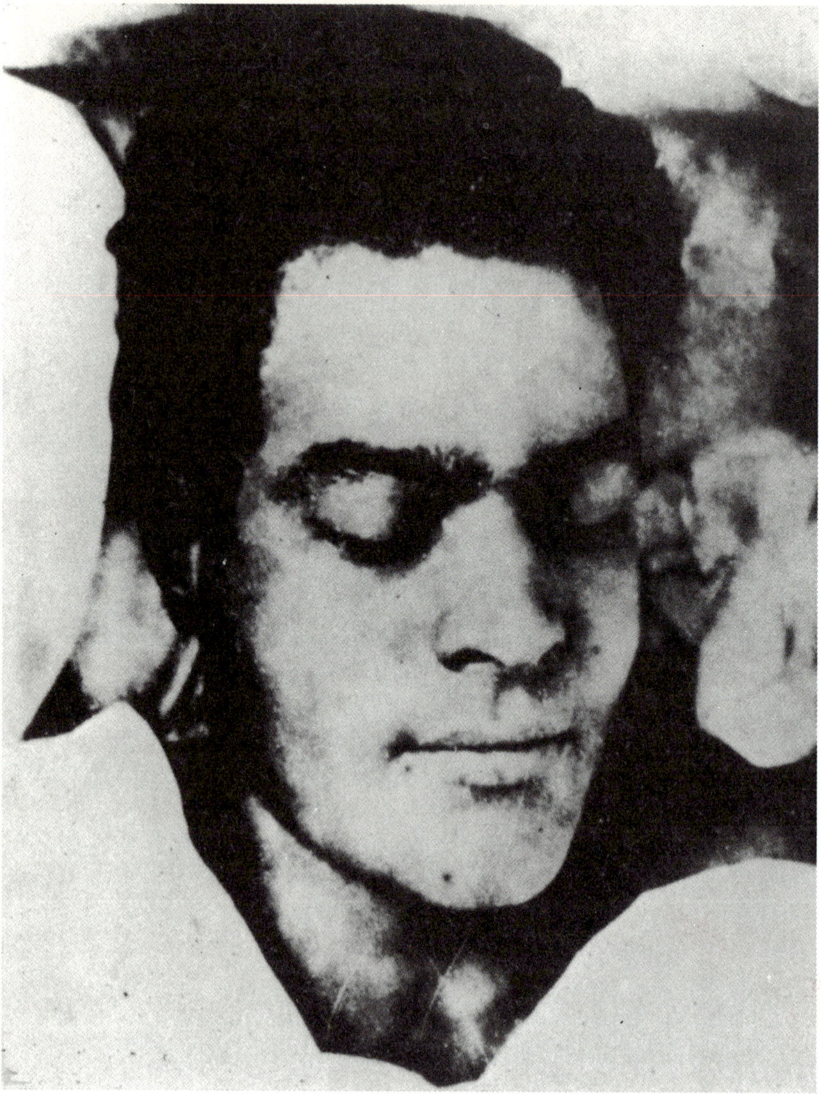

Tina Modotti: Der tote Revolutionär Julio Antonio Mella, 1929

»Nummer 31 ist dieses da«, sagt sie und deutet auf das Haus hinter ihr. Ich frage nach dem Kaufhaus an der Straße, sie antwortet mit einer wegwerfenden Handbewegung. »Das ist schon abgerissen worden, bevor meine Mutter hierher gezogen ist . . . «

So wie die Zeitungen 1929 Tinas Wohnung beschrieben, war sie wohl schon damals alt und heruntergekommen; unsinnig zu hoffen, ich könnte sie unversehrt wiederfinden.

An der Ecke zur Avenida Morelos habe ich das Ende der Straße erreicht. Sobald ich die genaue Stelle gefunden habe, mache ich ein paar Photos, ohne dabei dem Typ ausweichen zu können, der mir, träge an einen alten Plymouth gelehnt, einen müden Blick zuwirft. Das düstere Gebäude hinter ihm hat wenig Kunstvolles an sich; vermutlich sieht er sich in seinen Ansichten über Touristen bestätigt.

In der Nacht des 10. Januar 1929, kurz vor 22 Uhr, stürzte Julio Antonio Mella an der Kreuzung der Straßen González und Morelos nieder, getroffen von zwei Schüssen einer Pistole vom Kaliber 38, die Lunge und Bauch durchschlugen. Im Morgengrauen starb er im Juarez-Krankenhaus des Roten Kreuzes. An seiner Seite war Tina Modotti gegangen, die in der Folge verhaftet und zur Zielscheibe einer blindwütigen Hetzkampagne werden sollte.

Als blutjunges Führungsmitglied der Kommunistischen Partei unternimmt der Kubaner Mella 1919 zum ersten Mal eine Reise nach Mexiko, die er in seinem *Diario de Viaje* beschrieben hat; zurück in Havanna gründet er die *Universidad Popular José Marti* und die Zeitschrift *Juventud*. 1925 organisiert er mit Carlos Balino den Gründungskongreß der Kommunistischen Partei Kubas; von der Universität verwiesen und verhaftet, erlangt er durch einen achtzehn Tage lang dauernden totalen Hungerstreik die Freiheit wieder. Doch angesichts der drohenden Wiederverhaftung entscheidet er sich für politische Arbeit im Exil. Es folgt ein kurzer Aufenthalt in Guatemala, und danach 1926 Mexiko. Als Mitglied des Exekutivkomitees der Antiimperialistischen Liga von Nord- und Südamerika begibt er sich im Februar nach Brüssel, um die Liga auf dem Weltkongreß gegen koloniale Unterdrückung zu vertreten. In den drei Jahren Mexiko arbeitet er neben seiner Aktivität in der Kommunistischen Partei Mexikos auch als Journalist in der Redaktion von *El Machete* und gründet darüber hinaus zwei Zeitschriften, *Cuba Libre* und *Tren Blindado.* Im Sommer 1928 lernt er eine junge Italienerin kennen, die bis vor wenigen Monaten noch Gefährtin des leitenden Genossen Xavier Guerrero war, der sich auf Parteibefehl nach Moskau begeben hatte. Dieses Zusammentreffen sollte Tinas Leben von Grund auf verändern, durch die Leidenschaft der ersten Monate und die Tragödie, in der das Verhältnis endete.

Die beiden jungen Leute leben in der kleinen Wohnung in der Calle Abraham González 31 und widmen sich abwechselnd politischer Arbeit und künstlerisch-literarischen Interessen. Tina schafft es, sich trotz der Enge dort im fünften Stock ein kleines Photolabor einzurichten, aus dem dann ihre berühmtesten Bilder hervorgehen sollten. Als Photographin ist sie bereits international bekannt, zahlreiche Zeitschriften bitten sie um Mitarbeit, von *Varietés* in Brüssel über *Creative Art* in den USA bis zum angesehen *British Journal of Photography* und *Agfa Paper* in Prag. Künstlerisch ist sie von Edward Weston bereits unabhängig geworden; seinem Interesse an der ästhetischen Darstellung des Sujets setzt sie die von den Muralisten beeinflußte *nueva expresión* entgegen und bereichert das Genre der Bildreportage, das Capa unsterblich machen sollte. Von Mella hinterläßt sie uns einige Photos, die besser als jedes biographische Faktum seinen Charakter veranschaulichen: ein willensstarkes, im Augenblick des revolutionären Kampfes heftiges und leidenschaftliches Gesicht, das sich entspannen kann zu kindlicher Zärtlichkeit, die Tina in den letzten Monaten eingefangen hat und die den Genossen unbekannt war, die ihn wegen seiner unermüdlichen Kraft schätzten.

Auch in den kommenden Jahren bleibt er, und nicht nur nach den Bezeugungen derer, die sie verhören, in Tinas Erinnerung der Mann, mit dem sie ihre tiefste Liebe erlebte und der wohl eine nie wieder sich füllende Leere in ihr hinterließ. Die langen, hitzigen politischen Diskussionen, das fast ausschließliche Stadtleben, die internationalen, von der großen Hoffnung auf die Sowjetunion beseelten Kreise gestalten das bereits äußerst intensive Leben Tinas zu einem einzigen Wirbel. Sie gehört zu den vielen Bohemiens, die sich für die Revolution engagieren,

Persönlichkeiten, die die kommende stalinistische Implosion auseinandertreiben sollte, die das Klima des Argwohns und der Denunziation jedoch noch nicht erfaßt hatte, wenngleich manche davon bereits eine Ahnung hatten.

Man hat mir versichert, alle mexikanischen Zeitungen würden vom Zeitpunkt ihrer Gründung an bis heute im Zeitschriftenarchiv der *Universidad Nacional Autónoma* aufbewahrt, ein Glücksfall, der mir eine anstrengende Wanderung von einem Archiv zum anderen ersparen könnte. Aus der Metro ausgestiegen, liefere ich einen weiteren Beweis meiner geographischen Ahnungslosigkeit. Ich frage die Fahrer der *peseros**, in welche Richtung ich zur Universität zu gehen habe, und diese antworten mit großen Gesten, die das Universum zu umfassen scheinen. »Das alles hier ist die Universität. Es hängt davon ab, wohin Sie wollen.« Als ich schließlich einen Studenten auftreibe, der angesichts des Wortes »Zeitschriftenarchiv« keine Bestürzung zur Schau trägt, stelle ich fest, daß ich mich in einer Universitätstadt von den Ausmaßen einer italienischen Provinzhauptstadt befinde. Es gibt eigene Busse, man braucht nur zu wissen, in welche Warteschlange man sich einzureihen hat. Hunderte von bunt gekleideten Jugendlichen warten geduldig auf das Gefährt, das sie zu den verschiedenen Tempeln lateinamerikanischer Kultur bringt.

Die Fahrt ist lang und führt durch die Landschaft eines amerikanischen Nachachtundsechziger-Films. Es handelt sich in Wirklichkeit gar nicht um einen Campus, sondern um eine Stadt mit eigenen Dienstleistungen, Supermärkten, hochmodernen, hinter Grün verborgenen Fakultätsgebäuden, um eine Oase, die nur ein paar Kilometer weiter nördlich unvorstellbar ist. Der Bus fährt durch Alleen, die Studenten und Angestellten in dichten Trauben beleben, Alleen, die so breit wie deutsche Autobahnen sind. So wie alle jungen Mexikaner davon träumen, in die Vereinigten Staaten zu gehen, träumt das übrige Lateinamerika davon, diese Universität zu besuchen.

Das Zeitschriftenarchiv ist ein riesiger Bunker aus dunklem Beton, den große Fenster ansehnlicher gestalten; ein Gebäude mit architektoni-

* Sammeltaxis mit fester Route

schen Schwüngen und Einbuchtungen, die selbst den Beaubourg irritieren würden. Drinnen bequeme, schallgedämpfte Aufenthaltsräume und Angestellte, denen ich die Zettel für den Jahrgang 1929 aller mexikanischen Tageszeitungen übergebe. Dann halte ich die Originale aus jener Zeit in den Händen; das Papier ist inzwischen trocken und steif, es blättert beim Umwenden der Seiten ab und verstreut sich über den Tisch. Bestimmt sind noch mehr Exemplare da, doch die Verantwortlichkeit den Nachkommenden gegenüber ist ein eigenartiges Gefühl.

Tina Modotti lernte Vittorio Vidali 1927 kennen, auf einer Kundgebung für Sacco und Vanzetti, und er war derjenige, der sie in die Kreise der Partei einführte. Sein wahrer Name ist in den mexikanischen Zeitungen niemals erschienen: 1929 war er als Enea Sormenti bekannt, 1942 als Carlos Contreras.

Alle Aufmacher vom Samstag, dem 12. Januar, bringen die Nachricht von der Ermordung Mellas und die Vermutung, es handele sich um ein politisches Attentat. Doch schon am folgenden Tag beginnt die Hetzjagd auf Tina. An der Spitze der *Excelsior*, heute gemäßigter und objektiver als die anderen, damals aber wütend hinter Emigranten jeder Nationalität her und Verfechter der These von einer drohenden Einmischung der »Roten« in die nationale Politik. Wie auch immer, die übrigen Zeitungen hegen ebenfalls keine Zweifel an der Beteiligung der »schönen, schwarzäugigen Italienerin mit dem tiefen Blick«. Selbstverständlich interessieren sich alle mehr für die Erscheinung Tinas als für ihr photographisches Werk, stürzen sich auf ihr Privatleben, sezieren es, jeden Schatten von »Unmoral«, alles, was gegen den öffentlichen Anstand ist, herausstreichend. Ihren früheren Lieben und ihrer »Untreue« werden mehr Seiten gewidmet als den vielen ungeklärten Fragen zu den beiden Pistolenschüssen in der Calle Abraham González.

»Ich lernte Xavier Guerrero kennen und verliebte mich in ihn. Im März reiste er nach Europa; und erst im Juni lernte ich Mella kennen. Da ich Xavier gegenüber loyal sein wollte, schrieb ihm im August einen Brief und sagte ihm aufrichtig, daß ich ihn nicht mehr liebe und ihm nicht weiter schreiben könne, als ob sich zwischen uns nichts geändert hätte, und daß es mir auch nicht möglich sei, auf seine Rückkehr zu warten oder

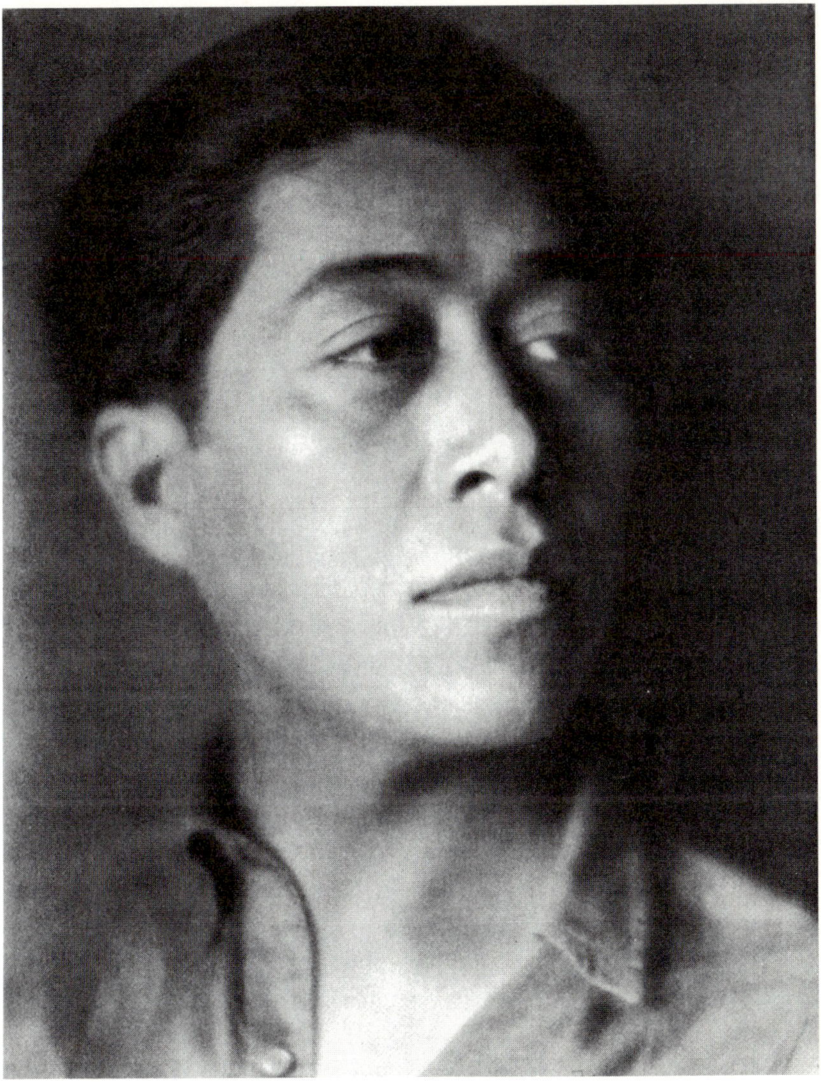

Tina Modotti: Porträt von Xavier Guerrero

mich selbst nach Rußland zu begeben, um persönlich mit ihm zu sprechen. Ich schrieb, daß ich einen anderen Mann liebe und daß ich ihn in keiner Weise täuschen wolle. Natürlich fuhr Xavier fort, mir zu schreiben, bis ihn mein Brief erreicht hatte, aber das ist verständlich, da die Post nach Moskau ja mindestens drei Wochen lang braucht. Ich handele nie, um dem Anstand zu entsprechen, sondern stets und allein in Übereinstimmung mit meinem Gewissen«, druckt *El Universal* vom 15. Januar aus ihrem Verhör ab.

Die Aussagen dreier Augenzeugen bewirken die Verhaftung Tinas. Zwei Jungen, Anacleto Rodriguez und José Flores, die in der Calle Abraham González 26 wohnen, behaupten gesehen zu haben, wie drei Personen, zwei Männer und eine Frau, lebhaft diskutierend in die von der Bucareli und nicht von der Reforma kommende Straße einbogen. Nach dem Überqueren der Straße habe sich die Gruppe auf der östlichen Seite befunden. An einer bestimmten Stelle habe einer der Männer eine Pistole gezogen und zwei Schüsse auf den anderen abgefeuert. Völlig damit übereinstimmend und noch detaillierter ist die Aussage des Bäckers Luis Herberiche, eines deutschen Einwanderers, der die Dynamik des Ereignisses minutiös beschreibt. »Ich habe keinen Grund, die Justiz zu belügen oder irrezuführen«, erklärt er in Anwesenheit von Tina. »Ich bin ein Geschäftsmann, dem es nicht recht ist, in solche Vorfälle verwickelt zu werden. Wenn es um mich ginge, wäre ich nie hierher gekommen, um auszusagen. Aber was ich gesagt habe, ist die Wahrheit, dazu stehe ich. Es tut mir leid, der Dame zu widersprechen. Ich bringe mich durch diese Situation in Gefahr, und werde vielleicht meine Arbeit aufgeben müssen.«

Ohne die Fassung zu verlieren, antwortet Tina: »Die Zeugen sind gekauft. Anders kann ich mir nicht erklären, wie sie etwas behaupten können, was sie nicht gesehen haben.« Man hält ihr jedoch ein »technisches« Detail entgegen, auf das sie nichts zu antworten weiß: »Wenn Sie am linken Arm von Mella gingen und behaupten, in keiner Weise bemerkt zu haben, woher und von wem der Angriff kam, wie erklären Sie sich, daß die beiden Pistolenschüsse ausgerechnet von links auf Mella abgefeuert wurden und eben den Arm, auf den Sie sich stützten, durchbohrten?«

Erschwerend wird noch hinzugefügt, daß Tina zwei Versionen des Geschehnisses geliefert hat: in der ersten spricht sie von einem Auto, das an dem Paar vorbeirast und aus dem die Schüsse fielen, in der zweiten gibt es nur einen fliehenden Schatten, vielleicht auch zwei, sie verneint jedoch entschieden, daß sich eine dritte Person, wie sie die Zeugen gesehen haben, in ihrer Gesellschaft befunden habe.

Tina wird auch der Besitz einer aus ihrer Wohnung verschwundenen Pistole vom Kaliber 45 vorgeworfen. Sie gibt deren Existenz gelassen zu und sagt aus, daß sie ihr als Garantie von einer Person überlassen worden sei, die aufgrund einiger Gefälligkeiten in ihrer Schuld stehe. Später habe sie die Pistole jedoch an einen ausländischen Journalisten verkauft, dessen Namensnennung sie sich vorbehalte für den Fall, daß er sie dazu berechtige. Die Ermittlungen über die Pistole haben ein Ende, als die Autopsie ergibt, daß die Mordwaffe zweifelsfrei vom Kaliber 38 war.

Die Journalisten sparen nicht mit Tinte, wenn es um die Beschreibung von Tinas Erscheinung und ihren Charakter geht. Sie betonen die Kälte, Ruhe und Verachtung, mit der Tina auf die gemeinen Beleidigungen in der Presse und den Hunger nach anstößigen Nachrichten antwortet, der nicht einmal vor der Veröffentlichung ihrer bei den Durchsuchungen beschlagnahmten Korrespondenz zurückschreckt.

La Prensa ist die einzige Zeitung, die eine gemäßigte Linie beibehält und der These vom politischen Mord breiten Raum gibt, aber der *Exelsior*, der weit mehr gelesen wird, verficht blindwütig die Version vom Mord aus Leidenschaft. Und zögert nicht, der Öffentlichkeit die »Beweise« von Tinas Unmoral zum Fraß vorzuwerfen.

»Uns haben zwei von der Polizei beschlagnahmte Photos zur Ansicht vorgelegen, die an sich schon eine Enthüllung darstellen: das eine zeigt Julio Antonio Mella, das andere seine Geliebte Tina Modotti. Auf beiden sind diese Individuen völlig nackt und in anstößiger Pose zu sehen, wie sie verständlich wären bei schamlosen Verbrechern, keinenfalls aber bei einem ›Apostel des Kommunismus‹, einem ›Volkserlöser‹ und seiner Nymphe Egeria, Führerin und inspirierende ›Muse der Revolution‹. Diese Tatsache allein würde anständigen Menschen genügen, Mella jede postume Ehre zu versagen und seine Konkubine in die Kategorie der weiblichen Spezies zu verweisen, die Liebe verkauft oder vermietet.«

Keine Zeitung erwähnt, daß Edward Weston, anerkannter Meister amerikanischer Photographie, dieses Nacktbild geschaffen hat, und keine macht auf die Ähnlichkeit dieser »anstößigen Posen« mit dem von Diego Rivera in der Universität von Chapingo geschaffenen Gemälde *La Tierra* aufmerksam, für das Tina Modell gestanden hatte.

Rivera selbst greift ein und schreibt einen scharfen Brief an die Zeitung, der zwar sofort veröffentlicht, von den Befürwortern des »Verbrechens aus Leidenschaft« jedoch ignoriert wird. Statt dessen wird von Tinas Treffen mit dem Kriminalpsychologen Maximilian Langsner berichtet, der nach einem nächtelangen Gespräch mit ihr das Gefängnis verläßt und erklärt, es gebe keinen Zweifel, es handele sich um ein Verbrechen aus Leidenschaft.

Zur Stützung von Tinas Position intervenieren jedoch neue Zeugen. Kurz vor seinem Tod hatte Mella von einem Landsmann den Hinweis bekommen, der kubanische Diktator Machado habe Mörder auf ihn angesetzt; noch am selben Tag hatte er sich im Weinkeller »La India« mit einem gewissen José Magriñat getroffen, einer zwielichtigen Gestalt im Spektrum der kubanischen Exilanten. Unter den Genossen der Partei gilt Magriñat als der Agent, der Mella in den Hinterhalt gelockt hat.

Magriñat dreht die Version um, indem er zugibt, sich mit Mella in dem Weinkeller an der Ecke der Straßen Bolivar und Republica del Salvador getroffen zu haben, er behauptet jedoch, daß es Mella war, der um jenes Treffen nachgefragt und ihn dann gebeten habe, ein Telegramm an die kubanische Zeitung *La Semana* zu schicken, das dementieren sollte, er habe die Fahne seine Landes beleidigt. Diese »Beleidigung« bestand aus einem Zwischenfall, der sich auf einem Fest ereignet hatte und von der kubanischen Botschaft künstlich aufgebauscht worden war. Und Magriñat legt Wert darauf hinzuzufügen: »Alle wissen, daß Mellas Frau Beziehungen zu einem anderen Mann hatte. Fragt doch ihren Liebhaber, wenn ihr mehr darüber wissen wollt.«

Bei der Gegenüberstellung leugnet er, Tina zu kennen; zumindest in diesem Punkt stimmen beider Aussagen überein. Die Journalisten versäumen es nicht zu betonen, daß Tina sich offenbar zum ersten Mal unwohl fühlt und nervös und fahrig wirkt, im Gegensatz zu dem Kubaner, der sie dreist betrachtet und ihr bei der Gegenüberstellung überlegen zu sein scheint. Jeder beharrt auf seiner Position, Tina, die beteuert, daß Mella ihr von der Warnung von seiten Magriñats erzählt habe, sich aus dem Treffen im Weinkeller jedoch nichts Bestimmtes ergeben habe, und Magriñat, der leugnet, er habe Mella eine solche Warnung zukommen lassen.

Gegen ihn sagt ein junger Exilant, Teurbe Tolón, aus, der angibt, er kenne Magriñat als den Beauftragten der kubanischen Regierung, der Mella beseitigen sollte; ein anderer Exilant, Barreiro, habe ihm mitgeteilt, er habe Magriñat am Nachmittag des zehnten in Gesellschaft zweier Männer gesehen. Noch weitere Zeugen sagen gegen Magriñat aus, und wiederum wird die Schuld eines Beschuldigten aus seiner Moral abgeleitet. Der Kubaner wird als primitiver Mensch dargestellt, der von den »Frauen derjenigen, denen er gefällig war, Gegenleistungen« verlangte, der sich aushalten ließ und überdies unklare Beziehungen zur kubanischen Botschaft unterhielt. Außer Zweifel steht, daß Magriñat ein zwielichtiges Individuum war, das aus der gereizten Stimmung im Emigrantenmilieu Nutzen zog.

Ich sammle weiterhin Fotokopien, bringe sie durcheinander, und bisweilen rutschen sie zwischen die Seiten der schweren Bände der Zeitungsjahrgänge 1929: *Excelsior, El Universal, La Prensa*, und dazu noch die Beilagen von *Siempre, Uno mas Uno, El Popular, Nexos*...

In den ersten Tagen war ich davon überzeugt, daß sie Bescheid wußte, ihre Haltung als Genossin und Mensch, der über polizeilichen Maßnahmen steht, es ihr jedoch auferlegte, der Justiz Namen und Identität des Mannes nicht preiszugeben, der die Pistole in der Hand gehalten hatte... Mittlerweile ist alles unklar geworden, und die Hypothese, daß Machado einen Oppositionellen eliminieren wollte, ist nicht mehr als eine bequeme Rechtfertigung, um das Elend und die Unmenschlichkeit mißlungener Revolutionen zu übertünchen. Nach allem, was ich über das Mexico-City jener Jahre weiß, ist es durchaus möglich, einen Vergleich mit dem Istanbul zwischen den beiden Weltkriegen zu ziehen. Internationale Interessen und eine Unzahl von Flüchtlingen, die den unterschiedlichsten Mächten sowie deren Feinden nicht behagten, zogen Spione und Mörder jeglicher Couleur an, bis schließlich die Geheimdienste in der Zeit vor dem Zweiten Weltkrieg Mexico-City in ein besetztes Gebiet verwandelten.

Mexiko war der wichtigste Öllieferant für Hitler-Deutschland, solange, bis es sich mit den Alliierten verbündete, in der Außenpolitik Stalin dabei gefälliger als Roosevelt. Julio Antonio Mella war zwar Kommunist, seine Vision der kubanischen Revolution kam jedoch dem, was wir heute »blockfrei« nennen würden, sehr nahe. Er kannte Moskau und war zu etlichen internationalen Kongressen nach Europa gefahren, und mit der Zeit hatte sich in ihm die Überzeugung gebildet, daß das stalinistische Modell mit der Realität der Antillen, der mittelamerikanischen und karibischen Kultur nur sehr wenig zu tun hatte; es gibt zahlreiche Beweise seiner heftigen Zusammenstöße mit »Orthodoxen« auf Versammlungen oder geschlossenen Sitzungen. Vittorio Vidali hatte ihn vor Dutzenden von Personen eines Nachts angefahren: »Vergiß nicht, daß man nur auf zwei Arten aus der Internationale scheidet: durch Ausschluß oder Tod.«

Das ereignete sich kurz vor Mellas Ermordung, und als Tina starb, gruben viele Zeitungen noch einmal die Reden und Auftritte jenes *Contreras-Sormenti* aus, um die Schilderungen der drei Zeugen aus der Calle Abraham González zu bestätigen: Statur, Kleidung und sogar der schwarze, breitkrempige Hut, all das traf auf den Vidali des Jahres 1929 zu. Doch wieviel die Ermittlungen gewisser Journalisten wert sind, habe ich in den Artikeln über Tinas angebliche Promiskuität feststellen können. Unumstößlich gewiß ist nur ihre Liebe zu Mella. Wäre Vidali für dessen Ermordung verantwortlich gewesen, wie hätte sie dann seine Gefährtin werden können?

Wenn Tina den Mann, der schoß, gekannt hat, und an diesem Punkt ist unwichtig, ob die Tat aus politischen oder persönlichen Motiven heraus geschah, ist mir durchaus verständlich, warum sie lieber ins Gefängnis ging, statt ihn anzuzeigen. Wieviel Schmerz ein Revolutionär auch empfinden, wie quälend der Konflikt zwischen Gefühl und politischem Glauben auch sein mag, er, der halbillegale Kämpfer, der Exilant würde die Rache oder die Suche nach der Wahrheit niemals der Polizei übergeben, denn ihm wäre klar, zu welch antikommunistischer Kampagne er sich damit möglicherweise hergeben würde. Aus diesem Grund auch nannte sich Tina zuerst Rose Smith Santarini. Erst bei ihrer Verhaftung mußte sie notgedrungen zugeben, daß ihr Name Tina Modotti war.

Weitere Zeugenaussagen über Mellas letzte Worte bestätigten die Vorwürfe gegen die kubanische Regierung. Die politische Spur wird wieder aufgenommen, eventuelle Streitigkeiten zwischen »unterschiedlichen Linien ein und derselben Überzeugung« als Tatmotiv verworfen, und Tina wird aus dem Gefängnis entlassen.

Wenige Tage später müssen die Behörden notgedrungen auch Magriñat freilassen, weil sich für seine Beteiligung keine Indizien ergeben haben. Mellas Tod wird von der Öffentlichkeit bald vergessen, während die kubanische Regierung empört ihren Botschafter zurückzieht.

Diego Rivera beschuldigt die Behörden, sie hätten durch das Liebäugeln mit der These vom Verbrechen aus Leidenschaft kostbare Zeit verloren und es dem wahren Schuldigen dadurch ermöglicht, Spuren zu beseitigen. Einige Köpfe rollen; der Verantwortliche der Kommission für Sicherheit, Valente Quintana, wird seines Amtes enthoben. Und Tina nimmt ihre Arbeit oben im fünften Stock an jener von zwielichtigen und widersprüchlichen Geistern bevölkerten Straße wieder auf.

La Prensa, die sich des Verdienstes rühmt, als einzige Zeitung Tinas Person und ihr »anerkanntes künstlerisches Werk« im Rahmen des Möglichen respektiert zu haben, beeilt sich mit einem Interview.

»Tina Modotti ist nach den Tagen des Kummers, den sie erlitten hat durch den Verlustes des Mannes, der ihren eigenen Worten zufolge die größte Liebe ihres Lebens war, und nach dem Erdulden der Dreistigkeiten ihrer richterlichen Vernehmer und vor allem der Journalisten und Photographen zu ihrem bisherigen Leben zurückgekehrt; zu ihrer Aufgabe als Photographin also, Trost suchend in der Arbeit, die sie in ihrem Studio erwartet. Wir finden sie im Haus Nummer 31, wo sie in aller Eile damit beschäftigt ist, Negative durchzusehen. Bescheiden gekleidet, ungeschminkt, die glänzenden Haare zurückgebunden, läuft sie von einer Ecke in die andere, nimmt hier ein Probestück zur Hand, legt dort ein Negativ zurecht. Sie bittet uns, ihre fehlende Aufmerksamkeit zu entschuldigen, ist sie doch intensiv damit beschäftigt, dringend eine schwierige Arbeit zu beenden. Beim Verlassen der Wohnung, die in bohemienhaftem Stil eingerichtet ist, werden wir darüber informiert, daß Tina Modotti einen Rechtsanwalt damit beauftragt hat, eine Morgenzeitung, die sie Straßenmädchen nannte, wegen Rufschädigung zu verklagen. Tina möchte dem Richter die Photographien vorlegen, auf denen sie nackt dargestellt ist, um zu beweisen, daß es sich nicht um Pornographie, sondern um künstlerische Studien handelt.«

Die letzten Nachrichten über Mella finden sich nicht mehr auf den vorderen Seiten, sondern weiter hinten, unter unauffälligen Überschriften: seine Asche soll zwischen Moskau und Havanna aufgeteilt werden, wo große Gedenkfeiern in Vorbereitung sind.

Und es erscheint auch eine letzte Aussage zugunsten von Tinas Version. Eine Frau, die in der Calle Abraham González 19 lebt, Virginia Castaños, wollte in der Mordnacht eben zu Bett zu gehen, als sie zwei Detonationen hörte. Vom Balkon herab sah sie dann einen jungen Mann in Richtung Morelos-Straße taumeln und zu Boden stürzen, dem eine Frau zu Hilfe eilte. Sie hörte deutlich die Stimme des jungen Mannes: »Alle sollen es wissen, die kubanische Regierung hat mich ermorden lassen.« Und dann, der Frau zugewandt: »Tina, ich sterbe, ich sterbe . . . «

Die Frau drückte ihn an sich und antwortete: »Du bist zu jung . . . du bist zu jung zum Sterben . . . «

Es ist eine ernste Sache
siebenundzwanzig Jahre alt zu sein
Tatsächlich ist es eine
sehr ernste Sache
Ringsum sterben die Freunde
aus der erstickten Kindheit
und man beginnt an der eigenen
Unsterblichkeit zu zweifeln

Roque Dalton (El Salvador, 1933-1975)

3

Robo war sehr groß und mager, lange Haare umrahmten ein hageres Gesicht mit schwarzem Schnurrbart und großen Augen; der Blick verlor sich in einer imaginären Welt, aus der er auch die wenigen Freunde, mit denen er sich umgab, ausschloß.

Tina lernte ihn 1915 auf der Pan-Pacific-Ausstellung in San Francisco kennen, wohin sie sehr jung noch mit ihrer Familie ausgewandert war. Eigentlich hieß er Roubaix de l'Abrie Richey und stammte aus Quebec. San Francisco durchpulste damals bereits ein Lebensrhythmus, der sich von jeder anderen amerikanischen Stadt unterschied. Da San Francisco nicht von angelsächsischen Protestanten gegründet worden war, entwickelte es sich ohne puritanischen Einfluß, wie eine große europäische Stadt, wo die Präsenz von originellen, vorurteilslosen Persönlichkeiten radikale Neuerungen und eine gesunde Indifferenz konventioneller Moral gegenüber fördert.

Tina wird Schneiderin, nachdem sie die Arbeit in der Textilfabrik, in die sie mit siebzehn eingetreten war, aufgegeben hat. Ihre Schwester Yolanda schildert sie uns in einer Unterhaltung mit Mildred Constatine, der Autorin einer sehr persönlichen, 1975 in den USA erschienenen Biographie.

»Als sie noch ein kleines Mädchen war, erschien sie mir, mit ihren großen, traurigen Augen und dem schmalen Gesicht, wie eine kleine Frau. Von uns sechs Geschwistern war sie die einzige, die arbeitete und sich

Tina und Robo in ihrem Haus in Los Angeles (1921)

dadurch jeden Tag ein paar Groschen verdiente: zwölf Stunden in einer Seidenmanufaktur, stets mit geschwollenen und wunden Fingern. Das größte Kümmernis unserer Kindheit war die Sorge ums tägliche Brot, deshalb hatten wir gewiß auch kein Spielzeug und keine Zeit, uns zu vergnügen. Unser kleiner Bruder weinte fast immer, wenn er von der Schule kam und es nichts zum Essen gab. Tina beklagte sich nie, sie ging schweigend zu Bett ... «

1917 heiraten Robo und Tina und ziehen in sein Atelier nach Los Angeles. Mit ihrer Arbeit als Schneiderin, bei der sie eine beachtliche Kreativität an den Tag legt, verdient Tina genug; Robo malt und schreibt Gedichte, fühlt sich jedoch in beidem unsicher. In ihrem Atelier treffen sich kalifornische Intellektuelle und Künstler wie Weston und Margareth Mather, der Schriftsteller Ramiel McGehee, der Kritiker Sadakichi Hartmann und der mexikanische Archäologe Gomez Robelo, Direktor der

Tina Modotti als Schauspielerin in einem Stummfilm (1919)

Abteilung Schöne Künste innerhalb des Erziehungsministeriums in Mexico-City. In diesem Milieu der radikalen Boheme wird hitzig diskutiert, und die Suche nach persönlicher und sexueller Freiheit scheint für den künstlerischen Ausdruck unabdingbar. Der Freundeskreis setzt sich mit den ersten psychoanalytischen Abhandlungen, dem Erscheinen des Sozialismus auf der Weltbühne, aber auch mit orientalischer Philosophie auseinander, die in Los Angeles ihre ersten Anhänger um sich schart.

Tina begnügt sich nicht mehr damit, ihre Tage mit Stoffen und mit Nähen zu verbringen. Es gibt keine Hinweise darauf, wie Hollywood sie »entdeckte«, aber wir wissen, daß sie sich für Film und Theater interessierte und Ehrgeiz im Kreis von Künstlern und Bohemiens entwickelte. Ihre Schönheit, die alle, die in ihre Nähe kamen, ausdrücklich betonen, öffnet ihr, mehr als jede Hilfe von außen es könnte, die Pforten der Filmstudios. Doch wird sie Hollywoods wohl gerade wegen ihrer Schönheit überdrüssig. Die Rollen, die sie spielt, verlangen von ihr eine Femme fatale; der bekannteste Streifen heißt *The Tiger's Coat* (1920). In seinen *Daybooks* berichtet Weston, daß sie sich den Film in Mexiko noch einmal ansahen und angesichts der Gestalt, die sie darstellte, in Gelächter ausgebrochen seien.

In diesem Tagebuch beschreibt er Tina bereits 1921 als eine »wirklich außergewöhnliche Frau«; und während die Heirat mit Robo mehr als Flucht aus der Familie und aus wirtschaftlicher Beengtheit zu verstehen ist, entwickelt sich zu Weston eine Bindung, die auch die Trennung überdauern wird. Durch ihn nähert sich Tina der Photographie, sie erlernt bei ihm die Technik, wird Modell Dutzender von Photos und zeigt sich fasziniert vom unkonventionellen, vorurteilsfreien Auftreten des Künstlers. Weston ist verheiratet, hat vier Kinder und ist Robo in tiefer Freundschaft verbunden; sehr bald kompliziert sich das Verhältnis aufgrund von Schuldgefühlen und Unentschlossenheit der beiden. Die Bilder aus jener Zeit porträtieren Tinas Persönlichkeit klarer als alle anderen: Westons erste Aufnahmen zeigen ihren zurückhaltenden, spröden Blick, jedoch strahlt das Gesicht bereits jene Würde und Entschlossenheit aus, die in ihren künftigen Entscheidungen deutlich werden.

Im Dezember willigt Robo in einen Vorschlag von Gomez Robelos ein und beschließt, eine im Kreis der Freunde lang diskutierte Reise anzutreten und die nachrevolutionäre Wirklichkeit Mexikos kennenzulernen. Einen Brief an Weston, in dem er seine Erfahrungen enthusiastisch beschreibt und alle auffordert, so bald wie möglich nachzukommen, beendet er mit den Worten: »Glaub mir, ich bleibe weiterhin, wie immer, dein Freund Robo.«

Ein paar Tage später stirbt Robo nach kurzem, heftigem Todeskampf an einem wahrscheinlich durch Pocken ausgelösten Fieberanfall; auf dem Weg nach Mexico-City überquert Tina zu diesem Zeitpunkt gerade die Grenze.

»Robo ist eine wellenförmige Bewegung, wie die Wogen des Ozeans oder die gewundene Oberfläche eines Haars... Tina ist die Röte des Weines und etwas sehr Kostbares, das man behutsam und mit äußerster Sorgfalt behandelt, um es noch kostbarer zu machen«, schrieb Robo in dem Prosatext *Worte*. Tina sammelt seine Schriften und veröffentlicht sie mit einer kurzen Biographie, die erfüllt ist von Zärtlichkeit für einen »Jungen, der verschwunden ist von einer Welt, der er nicht angehörte, ein Junge, dessen Augen von Träumen verhangen waren und der durchdrungen war von etwas Undefinierbarem, das ewig in den Seelen wohnt, die so empfindsam sind, es zu spüren ... «

In Mexiko blieb sie für ein paar Wochen. Eine große, innovative Erregung lag in der Luft, man atmete den Reiz freigesetzter Kräfte, und überall schien alles darauf zu warten, in Angriff genommen zu werden. Westons Photographien, die sie mitgenommen hatte, stießen bei den mexikanischen Intellektuellen und Künstlern, von denen viele aus dem europäischen Exil zurückgekehrt waren, auf äußerst lebhaftes Interesse. Man organisierte rasch eine Ausstellung für ihn im Palast der Schönen Künste, und viele entdeckten in der Photographie eine bislang unbeachtete Kunstform.

Der Tod ihres Vaters zwingt Tina im März 1922, nach San Francisco zurückzukehren. Sie bleibt längere Zeit bei ihrer Familie und hält lediglich die Korrespondenz mit dem Photographen Hagemeyer aufrecht. Doch als sie Weston wiedersieht, erlangt die Beziehung eine Intensität, die sich von der verbotenen sexuellen Attraktion, die wir aus den früheren Briefen herauslesen können, unterscheidet; nicht ohne starke Spannungen, die vor allem aus der familiären Situation Westons herrühren. Dieser fährt im November nach New York, und bei seiner Rückkehr beginnen die Pläne für eine Reise nach Mexiko, wenngleich es lange Zeit den Anschein hat, als bleibe diese aufgrund Westons Entscheidungsunfähigkeit ein Wunschtraum. Weston beschließt, kommenden Juli das Haus in Glendale zu verlassen; zusammen mit seinem dreizehnjährigen Sohn Chandler geht er an Bord der *Colima* mit Kurs auf Manzanilla.

In der Hauptstadt angekommen, mieten Tina und Weston eine Hazienda in Tacubaya, einer Vorstadt, die die Metropole noch nicht aufgesaugt hat. Im Unterschied zu vielen anderen Nordamerikanern, die nach Mexiko kamen, um die Revolution zu »unterstützen« oder sich mit der Kultur der Mayas und Azteken zu befassen, tauchen die beiden in das Leben des Landes ein, und binnen kurzem haben sie mit revolutionären Kämpfern und Wandmalern Bekanntschaft geschlossen, mit Dichtern

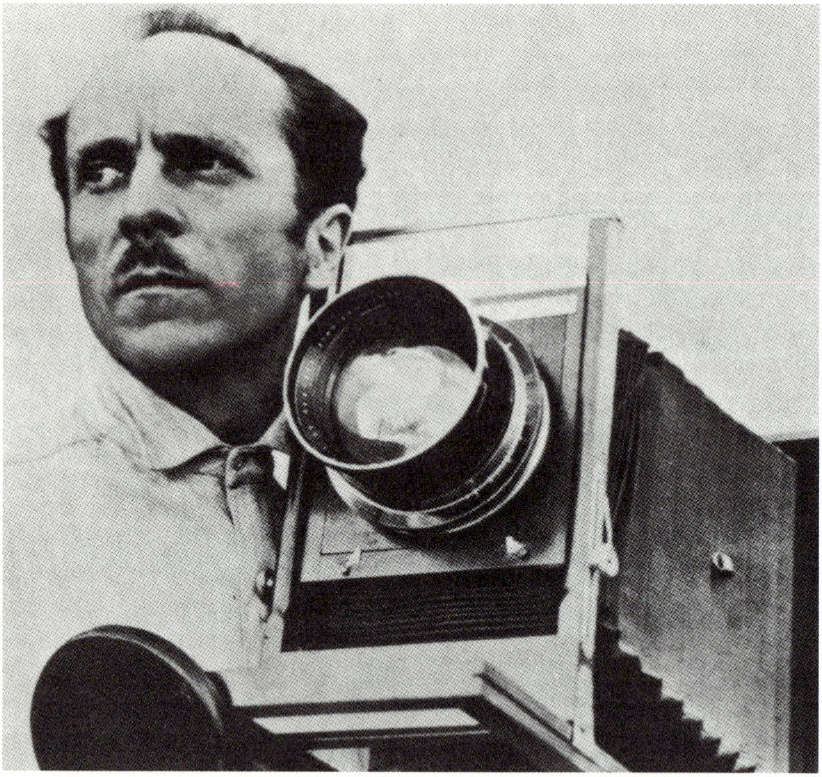

Tina Modotti: Edward Weston mit seiner Graflex, 1923

und Schriftstellern, die sich alle fieberhaft auf die Schaffung der neuen Gesellschaft gestürzt haben und die Werte des »wiedererweckten Mexiko« hochhalten. Tina trifft erneut auf Xavier Guerrero, den sie auf einer Ausstellung in Los Angeles kennengelernt hat; Guerrero arbeitet jetzt mit Rivera und Siqueiros an den Fresken von Chapingo, und inmitten von unzähligen Freilichtschulen, archäologischen Expeditionen, den organisierten Gruppen, die Petitionen verfassen, und endlosen, sich unweigerlich in Festlichkeiten mit Musik, Tänzen und nicht endende Trinkgelage auflösenden Versammlungen beginnt für sie ein intensives, turbulentes Leben. Weston und Tina geben das Haus auf dem Land auf, ziehen ins Stadtzentrum und werden sehr bald zu einem Mittelpunkt des kulturellen und künstlerischen Lebens. Aus den Berichten einiger Besucher, die bei ihnen verkehrten, ergibt sich das Bild einer Tina von fast dämonischem Zauber, der auf manche wie berauschend wirkt. Federico Marín beschreibt sie als »geheimnisvolle Schönheit, frei von jeder Grobheit, sehr gebildet, introvertiert. Sie war stets um alles besorgt und verbreitete um sich herum Wohlbehagen. Sie selbst jedoch war nicht heiter, sondern ernst, furchtbar ernst. Sie war weder melancholisch noch tragisch, aber viele Männer verliebten sich bis zum Wahnsinn, sogar bis zum Selbstmord in sie. Aber das war gewiß nicht ihr anzulasten.« Ein Möchtegernkünstler verkündet sogar öffentlich, daß er, nachdem Tina ihn verschmäht habe, nur noch den Tod aus ihrer Hand ersehne. Ihre Freundschaft mit Rivera bewirkt bei dessen Ehefrau Guadalupe Eifersuchtsszenen, die auch Weston, den mit dem Maler eine gegenseitige, wenngleich durch häufige »Zwischenfälle« gestörte Wertschätzung verbindet, einbeziehen. Und Diego Rivera räumt bei seiner Scheidung seelenruhig ein, Tina sei der auslösende Faktor gewesen. Wir wissen nicht, was an dem damaligen Bild von Tina als einer Femme fatale stimmt; verbürgt jedoch ist, daß Weston Unwillen erfaßte, der ihn zu folgender Tagebucheintragung veranlaßte: »Das nächste Mal werde ich mir eine Geliebte suchen, die häßlich wie die Hölle ist.«

Auch der Rhythmus dieses Lebens, der offenbar niemandem die Zeit läßt, sich zu schonen, sondern jeden nur ins nächste Getümmel treibt, verebbt schließlich und wird mit jedem Tag zäher und äußerlicher. »Letzte Nacht waren wir allein – das ist mittlerweile äußerst selten – Tina rief mich in ihr Zimmer, und unsere Lippen fanden sich zum ersten Mal seit Neujahr. In diesem Augenblick klingelte es, und schon war alles vorüber.«

Es mangelt nicht an Verweisen auf ihre merkwürdige Art, sich zu kleiden. Eine Mexikanerin, die zu Weston ins Atelier kam, um dort Modell zu stehen, hat überliefert, daß » . . . sie Blue Jeans trug, was für Frauen jener Zeit höchst ungewöhnlich war«. Gelassener und ausführlicher klingen die Auskünfte der Frauen, die damals dieselbe Euphorie erlebt haben. Anita Brenner berichtet: »Wir wurden schließlich alle gute Freunde, denn wir suchten mehr oder weniger nach demselben, wir arbeiteten in der gleichen Richtung. Und damals verhielt es sich mit Freundschaften anders als mit gesellschaftlichen Kontakten heute: es herrschte ein revolutionäres Klima, fast wie in einer Fabrik, und alle konnten sich in die Belange der anderen einmischen. In gewissem Sinn hatte Tina klarere Vorstellungen darüber, in welche Richtung sie sich entwickelte, als Weston.«

»Wer den Staub von Mexikos Straßen geatmet hat, wird in keinem anderen Land mehr Frieden finden«, sagt Firmin, der Konsul und alkoholisierte Prophet in *Under The Vulcany.* Obgleich alles den Anschein von Verlangsamung, Sorglosigkeit und metaphysischer Oberflächlichkeit hat, neigt hier jede Geste – ohne Eile, aber unerbittlich – zum Extremen hin, und nicht nur aufgrund der Erblast der Menschen, sondern der Natur und ihrer geheimen Zyklen selbst. Nichts ist übertrieben genug, als daß es Erstaunen hervorrufen könnte. Jene »Religion des Todes«, von der Malcom Lowry spricht, hat von den Jahren der Revolution bis heute stets nur die gleichmütige Hinnahme jedes Exzesses bewirkt. Für einen Nordamerikaner oder einen Europäer, der die mehr oder weniger verborgene Last seiner Moral, Hemmungen, sozialen Bindungen und seines »Image« mit sich herumschleppt, ist es einfach, sich vom illusorischen Gefühl einer absoluten Freiheit erfüllen zu lassen und ein Verhalten anzunehmen, das anderswo undenkbar wäre und hier keinerlei Reaktionen hervorruft; von Toleranz zu sprechen, ist nicht stimmig, es handelt sich eher um eine undurchschaubare instinktive Philosophie, die nicht über den Dingen stehen will, sondern daneben. »Si no eres mexicano, no puedes entender«*, heißt es unweigerlich am Ende jedes Versuchs, etwas zu begreifen. Tina war in diese Realität vielleicht tiefer eingedrungen, als kurzsichtige Biographen von heute oder die intellektuellen »Touristen« von damals je haben ahnen können. Umso besser, wenn sie ihre Schönheit dazu nutzen konnte, dies zu erreichen.

Viele Jahre später sollte Tina wieder nach Mexiko zurückkommen, die einst strahlende Gestalt verblaßt hinter dem Schutzschirm der politi-

* »Wenn du kein Mexikaner bist, kannst du das nicht verstehen.«

schen Missionarin. Die Photographie hatte sie aufgegeben, denn »man kann nicht mit dem Photoapparat arbeiten, wenn es so viel zu tun gibt«. Die festliche Stimmung voll hochfliegender Energien verflüchtigt sich und löst sich schließlich in der Ernsthaftigkeit politischer Arbeit auf. Jene Augen, die in Paseo de la Reforma tränenerfüllt den abreisenden Weston zum letzten Mal grüßten, werden, späteren Beschreibungen zufolge, immer schwermütiger, abwesender und resignierter.

Berlin, Paris, Moskau, das Spanien von 1936 . . .

Doch bereits im Oktober 1929, also acht Monate nach Mellas Tod, als Diego Rivera aus der Partei ausgeschlossen wird, schreibt Tina mit eisiger Distanziertheit gegenüber dem Freund, der für sie alles riskierte, um sie aus dem Gefängnis zu holen, in einem Brief an Weston: »Ich glaube, daß sein Austritt mehr ihm als der Partei schadet. Man hält ihn für einen Verräter. Ich brauche nicht hinzuzufügen, daß auch ich ihn als einen solchen ansehe, und von nun an werden sich meine Kontakte zu ihm auf unsere beruflichen Angelegenheiten beschränken. Ich wäre Dir deshalb dankbar, wenn Du dich wegen allem, was seine Arbeit betrifft, selbst an ihn wenden würdest.«

Die offiziellen Begründungen dieses Ausschlusses entsprechen der damaligen Rhetorik und verschleiern das eigentliche Motiv, den erbarmungslosen Kampf innerhalb der Partei. In dem Brief an Weston akzeptiert Tina die offizielle Version von der Verbürgerlichung eines Rivera, den die Regierung beauftragt hatte, den Palast des Schönen Künste mit Fresken zu schmücken, und wir werden nie erfahren, inwieweit Naivität sie dazu trieb. In der von Bertram Wolfe verfaßten Biographie Diego Riveras wird die Ansicht vertreten, daß »die Gründe für den Ausschluß internationale Wurzeln hatten. Diego sah sich von einer weltweiten Säuberung umgeben, die aus der Fraktionierungspolitik in der Sowjetunion herrührte; in einigen Länder zog das den Ausschluß ganzer Parteien nach sich, in anderen den Ausschluß der bedeutendsten Führer und Parteigründer«.

Der letzte Wohnort von Tina Modotti in der Calle Dr. Balmis 137

4

Die Straße des 5. Mai mündet in den *Zocalo*, an dem sich der Autostrom plötzlich verteilt und an den Rändern verläuft. Der einzige unmittelbare Anhaltspunkt ist eine Barockkirche, auf einer aztektischen Pyramide erbaut, die vor vier Jahrhunderten von den Spaniern dem Erdboden gleichgemacht wurde. Der *Zocalo* ist der Mittelpunkt eines jeden bewohnten Ortes, ein geographischer und sozialer Bezugspunkt, ein unentbehrliches Zentrum, auch wenn man durch ein Dorf von wenigen tausend Einwohnern kommt. Selbstverständlich besitzt auch Mexico-City einen, und der ist so weit wie ein Tal; dort befindet sich der Regierungspalast, eine Reihe von Juweliergeschäften, die *echtes* Gold verkaufen, und eine Menge von Gebäuden, die ihre Patina eher den Abgasen als der Zeit verdanken. Hier schlägt nicht nur das Herz Mexikos; in diesem Nervenstrang der Riesenstadt vereinigt sich die ganze Nation. Alles richtet sich auf diese dichte Anhäufung von Körpern und Granit aus, alles landet schließlich bei diesen zwanzig Millionen *Chilangos*, wie das »restliche« Land die Bewohner der Hauptstadt nennt, vielleicht mit einer Spur von Verachtung für ihre fast fremdartigen Lebensrhythmen, die immer vermischter, fremder werdende Kultur.

Die Altstadt hat sich wie ein Lavastrom in das Tal von Mexiko ergossen, alle umliegenden Dörfer und jeden Fußbreit Ebene verschlingend, um dann in 2300 Meter Höhe die Abhänge hinaufzuklettern und wie ein Ungeheuer ins Unendliche fortzuwachsen. Sie bildet für sich allein das flächenmäßig kleinste, jedoch am dichtesten bevölkerte Bundesland, den

Distrito Federal. Es gibt nahezu keine Aktivität, die sich irgendwo in der unermeßlichen großen Republik entwickeln könnte, ohne daß man sich nicht wegen wie auch immer gearteter Genehmigungen, Rohstoffen und Vorräten sowie zur Lösung banalster Probleme an den D.F. wenden müßte.

Und doch hat der Bauch dieses sich zerfleischenden Ungeheuers einen eigenartigen, unerfindlichen Reiz. Auf dem kilometerlangen Bürgersteig rund um den Platz stehen Männer von bemühter Eleganz Spalier und fragen die Fremden, ob sie etwas zu verkaufen hätten.

Was mir ein weiteres Rätsel aufgibt; denn in Mexico-City gibt es praktisch alles, amerikanischer Schnickschnack ist hier eher zu haben als in Mailand, und auf dem Markt von Tepito kann man »Originale« aus Japan zu niedrigeren Preisen kaufen als sonstwo; und bis vor wenigen Jahren, als *Peyote* noch nicht verboten war, konnte man hier für achtzig Pesos erfrischende Getränke kaufen. Das muß ein Schauspiel gewesen sein, zu beobachten, wie sich das Gesicht der Kunden nach einem Glas des Getränkes mit dem scheußlichsten Geschmack, den die Natur hervorzubringen vermag, verzerrte. Die zum Kauf der letzten Touristenschätze entschlossen Señores profitieren von dem, was für die Straße des 5. Mai typisch ist: europäischen Weltenbummlern, älteren amerikanischen Hippies, die vielleicht für ein paar tausend Pesos den Photoapparat oder einen Firmungsring verkaufen, gerade genug, um damit ein Ticket nach Guatemala oder ein Hotelzimmer bezahlen zu können.

Dieser Tage wohne ich im »Washington«, das, obgleich älter als das »San Diego«, vom Septemberbeben weniger abbekommen hat. Natürlich meide ich nach wie vor die Fahrstühle, aber wer auch immer über das Erdbeben spricht, tut das mit der ruhigen Nonchalance, die den nicht nachlassenden kleinen Stößen jede Dramatik zu nehmen vermag.

Der große Vorteil dieses Hotels besteht darin, daß im Erdgeschoß das Café Popular untergebracht ist; da ständig geöffnet, ist es immer voller Leute.

Es liegt unterhalb meines Fensters.

Ich wohne im fünften Stock, und die Gestalten, die kommen und gehen, bieten einen Anblick, der mich zwei Stunden lang am Balkongeländer festhält. Der Balkon ist nicht gerade groß, und falls jemand plötzlich das Fenster aufstoßen wollte, würde mich der Stoß nach unten schleudern; aber mein Geländerplatz ist immerhin so bequem, daß ich dort meine restlichen Zigaretten verqualme, eine halbe Flasche *Herradura blanca* trinke – den einzigen Tequila einer mexikanischen Firma ohne Fremdkapital –, und den langsamen Strom von Autoscheinwerfern und Köpfen unten an mir vorbeiziehen lasse. In ein paar hundert Meter Entfernung am *Zocalo* läßt das amaryllfarbene Licht der Jugendstillaternen sogar die brandneuen *Chrysler Darts* der Polizei weniger aggressiv erscheinen.

Jeden 15. September zeigt sich _El Jefe_* an einem der Fenster da unten, und über das Meer von Köpfen hinweg stößt er dreimal den Schlachtruf der Unabhängigkeit aus: *Viva México!* – beantwortet von einem Schrei, der die Fundamente des Palastes erschüttert; danach paradiert das Militär vorüber, makellose Uniformen, supermoderne Waffen und gallige Mienen zur Schau tragend, wie in allen Ländern dieses Kontinents. Der hitzige Nationalismus der Mexikaner zeigt nur dann jähe Risse, wenn die Polizeiautos vorbeidefilieren; was aber nicht überrascht, weil die Polizei dabei die Sirenen voll aufdreht, um Pfiffe und Beschimpfungen zu übertönen.

Mir wird bewußt, daß es schon auf drei Uhr zugeht, und trotz der lauen, klaren Luft beschließe ich, daß es an der Zeit ist, wegen des morgigen langen Fußmarsches meine Kräfte ein wenig zu schonen.

Da ich unbedingt laufen möchte, brauche ich fast eine Stunde, um die *Colonia Doctores* zu erreichen. Die Calle Dr. Balmis liegt inmitten einer vom Erdbeben betroffenen Zone, und die Ungewißheit darüber, ob das alte Haus womöglich verschwunden ist, erhöht meine Ungeduld. Es ist ein fragwürdiges Unternehmen, denn trotz Ausstellungen, Artikeln und Diskussionen scheint niemand den letzten Wohnsitz Tinas zu kennen, obwohl er in ein paar Büchern erwähnt wird. In ihrem entwurzelten Leben wohnte sie in diesem Haus vielleicht am längsten.

Vor dem Schild aus Majolika, das Straße und Nummer des postali-

* Der Chef: gemeint ist der Präsident des Landes

schen Bezirks anzeigt, bleibe ich stehen, um ein Photo zu schießen: Eine rohe Mauer, wahrscheinlich ein zum Abriß bestimmtes Gebäude. Der an einem Dogde herumwerkelnde Mechaniker richtet sich auf und blickt neugierig herüber. In der Gegend hier überstürzen sich die Bürgerversammlungen gegen die »Deportationen« in so verzweifelter wie ohnmächtiger Hast. Dem größten Teil der Mieter in den beschädigten Häusern weist die Regierung Unterkünfte in anderen Städten, vielleicht auch tausend Kilometer weiter nördlich zu, in dem Bemühen, die Bevölkerungsdichte in den armen Zonen des Zentrums zu verringern. Oder man löst das Problem, indem man die Mieter auffordert, sich eine andere Wohnung zu suchen, bevor die Schaufelbagger kommen. Ich laufe ein paar hundert Meter weit und stelle fest, daß Haus Nr. 137 nicht nur steht, sondern sogar eine neu verputzte Fassade ohne sichtbare Sprünge aufweist.

Während ich das dreigeschossige Gebäude von der anderen Seite der Straße her photographiere, nähern sich zwei Frauen und fragen, ob ich vom *Ayuntamiento** sei. Mit einem entschuldigenden Lächeln verneine ich; beim Weitergehen werfen sie mir feindselige Blicke zu. Natürlich werden die Beamten, die die Evakuierung der zum Abbruch bestimmten Häuser organisieren, nicht freundlich empfangen, und falls tatsächlich etwas schief gehen sollte, denke ich mir, kann ich mich aus der Affäre ziehen, indem ich italienisch spreche.

Die alte Haustür aus Eisen steht offen; das plötzliche Verschwinden der Sonne zwingt mich, ein paar Sekunden lang zu warten. Langsam schälen sich Einzelheiten heraus; eine Umgebung, die völlig anders ist als die gepflegte Fassade, alterschwach und schmutzig, mit rissigen Wänden und großen Flächen blanker Mauersteine. Im Erdgeschoß zwei Türen. Ich mache weitere Photos, wage mich dann die Treppen hinauf. Jetzt endlich hat meine seltsame Suche eine greifbare Qualität gewonnen, eine Präsenz, die Archive und das Grab nicht vermitteln konnten. Diese Stufen stieg Tina hinauf, die Tina der Photographien, der erregten Diskussionen, mit der Kraft, die sie ausstrahlte und auf jeden übertrug, der ihr nahe stand. Hier versuchte sie, hinaufzugelangen, in der Nacht, in der sie

* Stadtverwaltung

starb, in den fünften Stock dieses damals vielleicht weniger verlotterten, aber doch schon armseligen Hauses.

Oben unter dem Dach stoße ich auf der mit Kästen, Schachteln, verrosteten Dosen und Plunder aller Art vollgestopften Terrasse auf eine Art Anbau. Und auf einen uralten Hund, der angestrengt zu bellen versucht und schließlich ein asthmatisches Keuchen herausbringt. Ich gehe wieder hinunter. Mit der unordentlichen Behausung auf der Terrasse, über die die Zeitungsartikel vom Januar 1942 berichteten, sind es insgesamt fünf Türen.

Ich klopfe im Erdgeschoß: ein kleines Mädchen zeigt sich, es ist allein und muß die anderen Kinder hüten. Gegenüber antwortet niemand, doch gleich danach erscheint ein einfacher, resigniert dreinblickender Mann; auch er fragt sich wahrscheinlich, ob meine Anwesenheit irgendetwas mit dem Erdbeben zu tun hat. Ich erkläre ihm, wonach ich suche, und er blickt um sich, zuckt dann mit den Schultern : »Ich bin erst vor zwanzig Jahren hierhergezogen. Tut mir leid«, und bleibt, die Schlüssel in der Hand, mit tieftraurigem Gesicht vor der Tür stehen.

Ich gehe in den ersten Stock hinauf. Keine Antwort an beiden Türen. Gerade als ich weiter hinaufsteigen will, erreicht mich eine Stimme, und ich fühle mich etwas lächerlich, als ich ihr durch die Tür hindurch die Geschichte von dem Journalisten erzähle, der nach einer forscht, die vor fast einem halben Jahrhundert hier gewohnt haben soll. Die Frauenstimme fragt, ob ich in zehn Minuten zurückkommen könne.

Draußen auf der Straße fühle ich mich sehr versucht, ins Hotel zurückzukehren; schließlich klopfe ich doch wieder an. Nur undeutlich ist das Gesicht einer Frau von vielleicht fünfzig Jahren zu erkennen. Sie entschuldigt sich, mir nicht helfen zu können, doch beim Anblick der Frau, die gerade die Treppe heraufkommt, erhellt sich ihr Miene: »Aber die Familie der Señora dort lebt seit langem hier, vielleicht kann die Ihnen etwas sagen.« Die andere bedenkt mich sofort mit unverständlicher Begeisterung. »Ach Sie sind Journalist? Da können Sie uns helfen! Tun Sie etwas, schreiben Sie über die Schande hier. Wir werden aus unserem Haus vertrieben, nachdem es renoviert worden ist, ist Ihnen das klar?« Sie öffnet die Tür und wirft die Einkauftasche hinein. Ich wage es nicht, sie zu enttäuschen, indem ich ihr erkläre, wer ich wirklich bin und wieweit ich die Lage der Erdbebenopfer beeinflussen kann. Mit vermehrtem Eifer beginnt sie wieder und macht es mir schwer, zwischen der Person, die sie zu sehen meint, und den Fragen, zu denen ich gern kommen möchte, eine Verbindung herzustellen. »Es war bereits alles geklärt, dieses Haus war nicht beschädigt, und die Arbeiten zur Renovierung der Außenwände wurden sofort gemacht. Und dann, nachdem die Mauern innen aufgerissen worden waren, um die elektrischen Leitungen zu verlegen« – sie zeigt auf die Risse in den umliegenden Wänden –, »ist alles gestoppt und beschlossen worden, daß die Bewohnung ausquartiert und die Häuser gesprengt werden.« Einen Augenblick lang dämpft sie die Stimme und vertraut mir an: »Wollen Sie den eigentlichen Grund dafür wissen? Hier nebenan ist ein älteres Haus eingestürzt, und man hat festgestellt, daß nicht genügend Raum vorhanden ist, um ein Gebäude für Miniappartments zu errichten. Deshalb wird auch das hier eingerissen, und die Spekulation kann aufgehen.« Ich widerspreche ihr nicht und lasse sie in dem Glauben, ich würde versuchen, ihr Drama öffentlich zu machen; aber die Unbefangenheit, die ich mir zurechtgelegt hatte, ist dahin.

»Heute abend haben wir wieder eine Stadtteilversammlung. Sie ist sinnlos, wenn sich nicht jemand von außen engagiert ... Der Abriß ist schon festgesetzt, in weniger als einem Monat ist es so weit.« Schließlich bittet sie mich, ihr genauer zu erklären, was ich anfangs kurz angedeutet habe.

»Was das betrifft, sind Sie nun wirklich zu spät dran. Meine Mutter kannte die Frau, aber sie ist vor zwei Monaten gestorben. Bis zum letzten Moment war sie klar im Kopf, sie hätte bestimmt viel mehr erzählen können als ich ...« Sie erklärt mir dann, daß sie drei Jahre nach Tinas Tod geboren sei und von ihrer Mutter viele Male die Geschichte von »denen im obersten Stock« gehört habe.

»Sie hat mir oft von dieser Frau erzählt, die noch sehr schön war, und von dem ständigen Kommen und Gehen dort oben ... aber ich dachte, sie war Russin, keine Italienerin. Und ... das war eine mit politischen Problemen, nicht wahr? Eine Subversive, eine Kommunistin ...«

Ich sage nur ein paar Worte, um sie zum Weitersprechen zu bewegen.

»Meine Mutter hat erzählt, daß oft Polizei kam, um die Wohnung zu durchsuchen. Da oben war es wie in einer Druckerei, man konnte die Abzugsmaschine hören, die bis spät in der Nacht in Betrieb war«. Die Flugblätter der Emigrantenkomitees, der Organisation für die Unabhängigkeit Mittelamerikas, und die »seltsamen« Leute, die die Treppe bevölkerten.

»Aber warum gehen wir nicht hinauf zu ihr?« Und sie weist auf den Lichtschimmer über unseren Köpfen. »Dort wohnt eine andere alte Frau, die jetzt auch nicht weiß, wohin sie soll.«

Meine Begleiterin klopft an die Glastür; der Hund bleibt ruhig. Ein indianisches Gesicht unbestimmbaren Alters erscheint; das ungläubige Lächeln vertieft die alten Falten, und die Frau lauscht den Erklärungen der anderen mit freundlicher, desinteressierter Miene. Den Kopf schüttelnd, beteuert sie, daß sie das kleine Appartment auf dem Dach erst 1946 bezogen habe. Sie breitet die Arme aus und zieht die mageren Schultern hoch, in der Hoffnung, mich überzeugen zu können, daß sie mir in keiner Weise behilflich sein kann. Die andere dringt jedoch in sie und entlockt ihr den Namen eines der Verwalter des ganzen Gebäudes, womit eine höchst verwickelte Diskussion beginnt, die sich um die Person eines vor Jahren verstorbenen Besitzers dreht, der seiner Lebensgefährtin die Verwaltung des alten Hauses Nr. 137 vermacht hat, und um einen Rechtsanwalt, der deren Interessen wahrnimmt. Meine Sammlung von Erinnerungen kann auch ohne einen auf Tina ausgestellten Mietvertrag auskommen, aber ich lasse die Diskussion weiterlaufen.

Tinas Veränderung ab 1930 hatte letztlich zur Folge, daß sie mir unsympathisch wurde; doch als sie in dieser Wohnung lebte, in die ich ab und zu einen Blick werfe, in der absurden Hoffnung, seit vierzig Jahren verborgene Einzelheiten zu erhaschen, war Tina langsam zu einer Dimension zurückgekehrt, die mir näher ist. Sie hatte eine Niederlage erlebt, und im Unterschied zu einem Vidali, den Fanatismus vor Zweifeln und der Schwermut der Besiegten schützte, verbarg sie nicht, wie sehr es sie verunsicherte, seit Julio Antonio Mellas Tod jedes Gefühl unterdrückt zu haben. Auch deshalb faßte sie erneutes Interesse an der Photographie, von der sie sich jahrelang abgewandt hatte; doch ihr blieb nicht mehr genug Zeit.

Mir wird bewußt, daß die Frau mir unverständliche Zeichen gibt. Als ich mich endlich von dieser Terrasse mitsamt ihrem Plunder und ihren Gespenstern losreiße, läuft sie mir auf der Treppe voraus und bedeutet mir beim Betreten ihrer Wohnung, ich möge warten. Sie kehrt mit einem Zettel zurück, den sie mir in die Hand drückt. »Hier ist die Nummer dieses Rechtsanwalts. Die Frau von oben will nicht, daß ich sie herumreiche, bestimmt, weil er ihr eine neue Unterkunft versprochen hat. Aber schauen Sie mal, was Sie tun können, vielleicht hat es Sinn, den Rechtsanwalt ins Spiel zu bringen. Man kann nie wissen ...« Und sie verabschiedet sich mit einem hoffnungsvollen, von mir nur schwach erwiderten Händedruck.

5

1929 bleibt für Tina das Jahr, in dem sie sich am intensivsten mit der Photographie befaßt, eine Periode des Übergangs, in der sie ihren politischen Elan offenbar zügelt, um wieder eigenen Spielraum zu gewinnen. Vielleicht ist diese neuerliche Leidenschaft für ihre Arbeit als Photographin nur eine Flucht vor den bei Mellas Tod offengebliebenen Fragen, vor Zweifeln oder sogar vor der quälenden Gewißheit über die Motive, die ihre politischen Gefährten in einen Bruderkrieg hineinziehen. Auch in der Korrespondenz mit Weston ist spürbar, welche Unsicherheit und Grübeleien über den bisherigen Weg sie quälen, angesichts der Notwendigkeit, eine Entscheidung zu treffen, um die Vergangenheit endgültig hinter sich zu lassen. Doch stets, wenn das deutlich zu werden droht, fährt ein »politischer« Satz dazwischen, damit das Gleichgewicht wiederhergestellt wird.

Westons Person verschwindet mehr und mehr aus ihrem Leben: er kann noch ihre innere Unruhe wahrnehmen, aber nicht mehr die Gründe dafür.

»... Oh Edward, wenn ich Dir für wenige Augenblicke nur nah sein, die unterdrückten Gefühle, die in mir toben, herauslassen könnte ... Du kannst mit all dem, was ich Dir sagen möchte, nicht einverstanden sein – das ist unwichtig –, aber Du kannst die Tragödie meines Herzens begreifen und mit mir fühlen, und das können jetzt nur wenige. Doch kann ich mir heute nicht einmal den Luxus des Schmerzes erlauben, denn ich weiß, es ist nicht die Zeit für Tränen: man erwartet von uns das Äußerste, und wir dürfen weder einen Fehler machen, noch auf der Hälfte des Weges stehenbleiben. Das ist unmöglich; das gestatten uns weder unser Gewissen noch die Erinnerung an die Opfer. Ich lebe in einer anderen Welt, Edward – seltsam, wie zutiefst verändert mir heute dieselbe Stadt und dasselbe Land erscheinen. Manchmal frage ich mich, ob ich es bin, die so von Grund auf anders ist, oder ob es vielmehr eine Art Überbau um mich herum gibt. Gewiß, meine Überzeugungen sind andere geworden, darüber kann es keinen Zweifel geben, aber bin ich, was Lebensart, Geschmack, neue Gewohnheiten und alles übrige angeht, bloß das Resultat eines Lebens in einer bestimmten Umgebung oder hat mein neuer Lebenstil meine Existenz von damals tatsächlich ersetzt? Ich habe das noch nicht klären können; damit meine ich: habe ich diese neue Lebensart angenommen, um in einem neuen Kreis einen Platz zu finden, oder ist sie tatsächlich an die Stelle der alten getreten? Ich habe mich früher nie damit aufgehalten, mir deswegen Fragen zu stellen, und ich begreife nicht, warum ausgerechnet jetzt.«

Trotz allem wird in den folgenden drei Monaten die bedeutendste Ausstellung von Tina Modottis Photographien ausgerichtet, eine Ausstellung, die die Räume der Nationalbibliothek vom 3. bis zum 14. Dezember füllt, und die erste, die ausschließlich ihrem Werk gewidmet ist, nach zahlreichen anderen, deren künstlerischer Schwerpunkt Weston galt. David Alfaro Siqueiros hält einen Vortrag mit dem Titel »Die erste Ausstellung revolutionärer Photographie in Mexiko«, in dem er unter anderem erklärt, die Photographie sei »eine Kunstform, die reflektiert und bewahrt, was sie sieht, und uns dank der Reinheit ihres Ausdrucks die Überraschung bietet, festhalten zu können, was bislang nur der Beobachter erblickt hat«.

Tina verfaßt zu der Ausstellung ein Manifest, das das neue Verständnis der Photographie als Mittel zur Deutung von Realität beleuchtet, gegen jene, die ihr rein ästhetische Funktionen zuweisen wollen.

»Ich habe immer ein ungutes Gefühl, wenn man in bezug auf meine photographischen Arbeiten Worte wie ›Kunst‹ oder ›künstlerisch‹ verwendet. Sicherlich ist das auf die oft falsche und mißbräuchliche Verwendung dieser Begriffe zurückzuführen. Ich halte mich für eine Photogra-

Tina Modotti: Beim Lesen von »El Machete«, 1927

Tina Modotti: Torbogen mit Stiege

phin, für nichts anderes. Wenn sich meine Photos von denen, die sonst auf diesem Gebiet gemacht werden, unterscheiden, dann deshalb, weil ich eben nicht versuche, Kunst zu machen, sondern einfach Photos ohne Verzerrungen und Manipulationen. Die meisten Photographen sind immer auf ›künstlerische Effekte‹ aus und ahmen andere Formen bildender Kunst nach. Das Resultat ist ein Zwitter, dem gerade die wertvolle Eigenschaft ihrer Arbeit fehlt, nämlich photographische Qualität.

In den letzten Jahren wurde viel darüber diskutiert, ob Photographie eine Kunst und mit anderen bildenden Künsten vergleichbar ist. Die Meinungen darüber gehen natürlich auseinander. Die einen sehen die Photographie als jeder anderen Ausdruckstechnik ebenbürtig an, die anderen betrachten das zwanzigste Jahrhundert mit den Augen des achtzehnten und sind daher unfähig, die Errungenschaften der technischen Zivilisation anzunehmen. Für uns, die wir die Kamera als Werkzeug benutzen wie der Maler seinen Pinsel, spielen diese unterschiedlichen Meinungen keine Rolle. Wir sind in der Lage, die vielfältigen Möglichkeiten der Photographien wahrzunehmenn und halten sie für das ausdrucksstärkste und direkteste Mittel, die Gegenwart festzuhalten und zu dokumentieren. Die Frage, ob Photographie Kunst ist oder nicht, ist von geringer Bedeutung. Wichtig ist, zwischen guter und schlechter Photographie zu unterscheiden. Gute Photographie akzeptiert einerseits die ihr auferlegten technischen Grenzen und nutzt andererseits alle Möglichkeiten und Eigenschaften, die das Medium bietet. Schlechte Photographie, die quasi mit einem Minderwertigkeitskomplex gemacht wird, erkennt nicht ihre Eigenart, sondern greift statt dessen auf alle möglichen Arten der Nachahmung zurück. Die so entstandenen Werke vermitteln den Eindruck, der Autor schäme sich gewissermaßen, die Wirklichkeit zu photographieren, da er versucht, die photographische Essenz des Werkes durch entstellende Kunstgriffe und Fälschungen zu verhehlen, die nur schätzen kann, wer einen fehlgeleiteten Geschmack hat.

Da Photographie ausschließlich in der Gegenwart und auf der Grundlage dessen entsteht, was vor der Kamera objektiv vorhanden ist, erweist sie sich als das befriedigendste Mittel, das reale Leben in all seinen Erscheinungsformen festzuhalten. Daher ihr dokumentarischer Wert, und wenn sich dazu noch Sensibilität und Sachkenntnis gesellen und vor allem noch eine klare Vorstellung über ihre Rolle im Prozeß der Geschichte, dann, meine ich, gebührt dem Resultat ein besonderer Platz innerhalb der sozialen Revolution.«

Am 5. Februar 1930 feuert ein junger Mann sechs Revolverschüsse auf den Präsidenten Ortiz Rubio, genannt *Flor de té*, ab: nur einer trifft und reißt ihm einen Teil des Gebisses fort. Das Attentat liefert der anhaltenden Pressekampagne gegen die »roten« Exilanten willkommenen Stoff und dient zur Bestätigung der Theorie von der internationalen Verschwörung. Die Folge sind Tausende von Verhaftungen und die Ausweisung vieler in der Linken aktiven Ausländer.

Nach dreizehn Tagen Haft und einem Hungerstreik in Veracruz wird Tina Modotti auf das holländische Lastschiff *Edam* gebracht, das Richtung auf Rotterdam nimmt. Der einzige Freund, der der polizeilichen Kontrolle trotzt, ist der Photograph Manuel Alvarez Bravo; er kommt in die Wohnung in der Calle Abraham González, wo Tina sich auf die endgültige Abreise vorbereitet.

»Als ich erfuhr, daß sie abreiste, ging ich zu ihr; ich war die einzige Person, die sich bei ihr in der Wohnung aufhielt. Ich weiß nicht mehr, wieviele Polizisten da waren, mindestens vier oder fünf, die sie zum Bahnhof begleiten sollten. Sie war sehr aufgeregt und nervös und fast damit fertig, die Sachen, die sie mitnehmen wollte, zu sortieren. Ja, und da sie manches fortwarf . . . na ja, da fragte ich sie mit viel Überwindung, ob ich etwas davon, vor allem Photos, behalten könne. Sie sagte ja; dabei lächelte sie, obwohl sie sehr angespannt war. Sie benahm sich stets sehr höflich und freundlich. Da ich nicht mit in das Polizeiauto einsteigen konnte, fuhr ich allein zum Bahnhof. Ich kam vor ihr an, und sie schien glücklich zu sein, mich dort wieder zu sehen. Sie nahm am Fenster Platz, und ich setzte mich neben sie. Als der Zug pfiff, stieg ich aus und sagte ihr händeschüttelnd Lebewohl. Sie war noch immer sehr nervös, aber sogar in diesem Moment zeigte sie weiterhin ihre sonstige Freundschaft und ihre menschliche Wärme.«

Von der *Edam* gehen lange Briefe an Weston, in denen neben ironischen Bemerkungen über den Vorwurf, auf den Präsidenten ein Attentat verübt zu haben, die Angst vor der Leere durchklingt, die sie bei ihrer Ankunft in Europa erwartet. Der erste Brief vom 25. Februar 1930 schließt so:

»Nach wie vor befinde ich mich in einer Art Nebel, und über allem liegt ein Schleier von Unwirklichkeit. Ich glaube, daß ich in wenigen Tagen wieder zur ›Normalität‹ zurückkehren werde, aber die erlittenen Schläge kamen zu brutal und zu plötzlich.«

Natürlich behandelt man sie nicht als gewöhnliche Passagierin. Sie wird, eingesperrt in eine enge Kabine, Tag und Nacht bewacht. Und doch schifft sich, trotz der besonderen Sicherheitsmaßnahmen und dem von den mexikanischen Behörden ausgestellten Haftbefehl, Vittorio Vidali auf der *Edam* ein, einen uruguayischen Paß vorweisend. Bei jeder Anlegestelle geht er unbehelligt an Land, manchmal für mehrere Tage. Es bleibt ein Rätsel, welche Berichte er in Kuba oder in New Orleans erstattete oder in welcher Mission er unterwegs war.

Zwei Wochen später schickt Tina aus dem Immigrationsbüro in New Orleans einen weiteren Brief an Weston ab.

»Ich erinnere mich nicht einmal daran, wann ich Dir zuletzt geschrieben habe; in diesen letzten Wochen ist zuviel passiert, und alles kam überraschend – wie zum Beispiel meine Anwesenheit hier –, aber ich habe den Punkt erreicht, an dem man philosophisch alles hinnimmt, was jeweils geschieht. Es heißt, ein Unglück kommt selten allein; mehr oder weniger trifft das auf meine aktuelle Lage zu. Ich hatte geglaubt, daß meine Probleme nach dreizehn Tagen Haft in Mexico-City, zwei Tagen der Vorbereitung meines Gepäcks und nachdem ich in Veracruz auf ein Schiff Richtung Europa gebracht wurde, irgendwie vorbei wären. Aber davon bin ich mit Sicherheit noch weit entfernt. Zuerst habe ich erfahren, daß das Schiff für eine Reise, die normalerweise nicht länger als drei Wochen dauert, eineinhalb Monate unterwegs sein wird, und da Passagiere auf diesem Schiff eine Nebensache sind, denn es handelt sich um ein Lastschiff, werden wir in all den folgenden Häfen halten: Veracruz, Tampico, New Orleans, Havanna, Vigo, Coruña, Boulogne-sur-Mer und schließlich Rotterdam. Das wäre ja nicht so schlimm, wenn ich als normaler Passagier unterwegs wäre, aber als jemand, der von der mexikanischen Regierung ausgewiesen wurde, werde ich in allen Häfen streng bewacht, und es ist mir nicht gestattet, einen Fuß an Land zu setzen, außer in dieses Büro, in das mich die Einwanderungsbehörden der USA gebracht haben und wo ich acht Tage lang hinter Schloß und Riegel zu bleiben habe; denn solange braucht das verdammte Schiff, um seine Waren zu laden.«

Tina versucht vergeblich, die amerikanische Staatsbürgerschaft geltend zu machen, die sie als Robos Witwe besitzt; der Ruf als Subversive eilt ihr voran und bewirkt eine Vorverurteilung. Gleichzeitig jedoch zieht sie Scharen von Reportern an, die die »Frau von beeindruckender Schönheit«, wie es in den Zeitungen von New Orleans während der Tage ihres Zwangsaufenthaltens heißt, verewigen wollen.

»Das Schlimmste an dieser erzwungenen Muße ist, daß ich absolut nicht weiß, was ich mit der Zeit anfangen soll. Ich lese, schreibe, rauche, schaue aus dem kleinen Fenster auf eine schmucke, makellose amerikanische Wiese, wo an einer hohen Stange obendran das Sternenbanner flattert, ein Anblick, der, wäre ich keine hoffnungslose Rebellin, mich ständig an die Herrschaft von *law and order* und andere erbauliche Gedanken gleichen Stils gemahnen müßte.«

Wie ihr ganzes Leben lang, erregt sie sich auch jetzt über das krankhafte Interesse, das ihrer äußeren Erscheinung gilt statt ihrer Lage als Revolutionärin im Exil.

»Die Journalisten, denen ich ein Interview ausschlug, versuchten mich zu überreden, indem sie behaupteten, sie würden nur darüber schreiben, wie ›schön‹ ich sei. Worauf ich antwortete, daß ich nicht verstehen könne, was meine Schönheit mit der revolutionären Bewegung und der Auslieferung von Kommunisten zu tun habe. Es ist offensichtlich, daß Frauen hier an den Normen von Hollywood gemessen werden ... Nun gut, lieber Edward, jetzt muß ich aufhören, denn jeden Moment kann die Wärterin zu mir kommen, um mich zum Abendessen zu führen, wo sie mich keinen Moment aus den Augen lassen wird, aus Angst, diese ›schreckliche Radikale‹ könnte entkommen und das Land mit ihrer giftigen Propaganda anstecken.«

Aus jedem Hafen schickt sie Weston Briefe, und in allen schimmert, ohne die mindeste Klage über die ständige Entwurzelung, die sie erlebt, unerschütterliche Sicherheit, Willenskraft und die ruhige Gewißheit durch, sich als Revolutionärin verwirklichen zu können, wo immer sie am Ende dieser Reise mit ungewissem Ausgang an Land gehen würde.

Bei der Ankunft in Holland schließlich gestatten ihr die Hafenbehörden nicht, an Land zu gehen. Die italienische Botschaft verliert keine Zeit, und die *Ovra*, Mussolinis Sonderpolizei, zögert nicht, ihre sofortige Auslieferung zu fordern. Die Organisationen der holländischen Linken werden aktiv und übergeben den Antrag auf Asyl einer international bekannten Gruppe von Rechtsanwälten. Nach langem bürokratischen Hin- und Her gestattet man ihr, an Land zu gehen, doch nur unter der Bedingung, das Land noch am selben Tag zu verlassen. Parteifreunden gelingt es, eine Einreiseerlaubnis für Deutschland zu erhalten, und am 14. April 1930 erreicht Tina Berlin.

In Mexiko hatte Tina von einer der lebendigsten und intensivsten Phasen der Geschichte dieses Landes profitiert; nach Deutschland kam sie zu spät. 1927 hatte das künstlerische und intellektuelle Leben bereits den Gipfel seiner damaligen Möglichkeiten erreicht; der Börsenkrach in Wall Street 1929 jedoch trieb die deutsche Wirtschaft in den Ruin: in weniger als zwei Jahren ging die Kreativität des literarischen Berlin, der Architektur des Bauhauses und der Innovationen im Bereich von Musik und Theater im Millionenheer hungriger Arbeitsloser und Bettler unter. Der Nationalsozialismus gedieh auf fruchtbarem Boden und demonstrierte die Ohnmacht der vier Millionen Stimmen für die Kommunisten und ihrer sechsundsiebzig Sitze im Reichstag.

Tinas Aufzeichnungen berichten von traurigen Menschen ohne ein Lächeln, die stets eilig und mit schwerem Tritt durch die Straßen hasten, als wüßten sie von der bevorstehenden Tragödie. In Mexiko hatte sie die Wittes kennengelernt, ein deutsches Ehepaar, das sich seit seinem kurzen Aufenthalt bei Tina und Weston eine tiefe Bewunderung für deren Arbeit bewahrt hatte. Der Briefwechsel war nicht abgerissen, und beide hatten Tina in der Folge versichert, für sie stehe stets ein Zimmer zur Verfügung.

»Wie könnte ich dieses noble, himmlische Wesen namens Lady Witte nur genügend würdigen? Von ihr geht eine solch vergeistigte Schönheit aus, daß durch ihre Gegenwart die beste Seite eines Menschen angespornt wird.«

Trotz dieser Freundschaft, die ihr völlige finanzielle Unterstützung bietet, strebt Tina gleich nach ökonomischer Unabhängigkeit und versucht, ihr professionelles Wissen praktisch umzusetzen. In jenen Jahren ist die Photographie in Deutschland jedoch verbreiteter als in jedem anderen Land, und es erweist sich als alles andere als einfach, mit Hilfe ihrer »alten« Leidenschaft eine einträgliche Beschäftigung zu finden.

»Der Gedanke, in Berlins Porträtphotos zu machen, erschreckt mich. Es gibt hier so viele wirklich hervorragende Photographen, Professionelle wie Dilettanten, und selbst durchschnittliche Arbeiten können zu Werken von Rang gerechnet werden. Das gilt sogar für Arbeiten, die in den Auslagen an der Straße zu sehen sind . . . Ich bin am Überlegen, ob ich mir nicht was ausdenken sollte, um so etwas wie ein geregeltes Einkommen aus den allmächtigen Vereinigten Staaten zu erhalten. Vielleicht durch Zusammenarbeit mit Zeitschriften, Journalen etc. Ich denke, wenn Frau Goldschmidt an die hundert Mark für ihre Artikel in der *New York Times* bekommt, könnte ich das auch schaffen.« Und sie bittet Weston, ihr mit seinen Kontakten zu deutschen Photographen zu helfen. »Ich weiß natürlich gut, daß es keine gute Politik ist, bei Photographen Hilfe zu suchen, wenn man selbst einer ist, aber alles, was ich von ihnen möchte, sind praktische Ratschläge, wo ich Material kaufen und meine Filme entwickeln kann etc. Wenn möglich, möchte ich mir die Mühe ersparen, eine Dunkelkammer einzurichten, und ich hoffe, daß ich bei jemandem arbeiten kann, der bereits damit ausgestattet ist. Wäre ich in den USA, würde ich Mitglied des Photographenverbands und dessen Labors benutzen; vielleicht gibt es auch hier etwas Ähnliches. Man wird sehen.«

Und im Postscriptum fügt sie eine Bemerkung an, die uns ihre halblegale Situation ins Bewußtsein ruft: »Ich muß Dich bitten, meine Anwesenheit hier so wenig wie möglich bekanntzumachen. Es könnte mir sonst Schwierigkeiten bereiten. Danke.«

Tina Modotti: Paar im Berliner Zoo

Jedenfalls räumt Tina ihrer Kreativität zeitweilig Vorrang ein vor der Verpflichtung, sich vollständig ihrer revolutionärer Mission zu widmen. Doch es sollte das letzte Mal sein.

In diesen Tagen lernt sie vermutlich den Leiter des Bauhauses, Hannes Meyer, kennen, wenn sich Hinweise dafür auch erst später in der Sowjetunion finden. Der Architekt war in Ungnade gefallen, obwohl er die kommunistische Zelle am Bauhaus bereits im März aufgelöst hatte. Des Amtes enthoben, hinterläßt er ein von politischen Spannungen zerrissenes Bauhaus. Die photographischen Werke der Meister dieses Kreises erstaunen Tina wegen der innovativen Ideen. Sie lernt den Ungarn Moholy-Nagy kennen, der mit Photogrammen experimentiert, den Holländer Piet Zwart, der mit Collagen arbeitete, und die Techniken der Photomontage von John Heartfield, die avantgardistische Photomalerei des Österreichers Herbert Bayer und des Sowjetrussen Alexander Rodschenko. Tina scheint sich jedoch abseits zu halten und ihren individuellen Weg zu verfolgen, der nicht in den Berliner Kreis hineinführt. Ausschlaggebend ist vielleicht auch Westons Abneigung gegen Moholy-Nagy, die sich auf einer gemeinsamen Ausstellung in New York entladen hatte, bei der sich der Amerikaner äußest kritisch über die Experimente des Ungarn geäußert hatte.

Obgleich Experten die Berliner Periode unter einem formalen Gesichtspunkt vermutlich als weniger bedeutsam einschätzen als die in Mexiko, flößen mir die wenigen noch erhalten Photographien spontane Sympathie ein; ich meine eine Tina zu sehen, die ein paar Monate fern jeder ideologischen Verbohrtheit, die sie zur skrupellosen Verurteilung ihres Freundes Diego Rivera verleitet hatte, vielleicht noch unentschlossen, zwischen der Dumpfheit stalinistischer Parteipolitik und der Vitalität der Berliner Künstler hin- und herschwankt. Die überschwenglichen Feste Mexikos liegen nur wenige Jahre zurück, sind aber inzwischen so entfernt und können nicht weiterwirken im politischen Klima eines Europa, das keine Zeit läßt für die Entscheidung, auf welcher Seite man stehen möchte, und keine Möglichkeit, sich zurückzuwenden, um Erfahrungen nachzutrauern, die an diesem Punkt irreal erscheinen müssen. Und doch löst sie sich für sehr kurze Zeit von der populistischen Rhetorik, die sich in ihren letzten mexikanischen Photographien zeigen, und erfaßt die grotesken Aspekte das Berliner Lebens. In diesen knapp Dutzend Photographien scheint wieder die strahlende, unvoreingenommene Tina zum Vorschein zu kommen, die mit dem eigenen und dem Leben anderer spielen möchte, ohne jedoch zu verletzen, nur um darüber lächeln zu können. Leider sind nicht mehr Aufnahmen mit der Leica 35, die sich von der ihr vertrauten großformatigen Graflex völlig unterscheidet, aus jenen Tagen übriggeblieben, entweder fand sie keine Zeit, diese neue und unerwartete Richtung weiterzuentwickeln, oder der größte Teil der Negative ging damals bei ihren ständigen Umzügen verloren.

Am 14. Mai wird sie Mitglied der Unionfoto GmbH, einem Verband professioneller Photographen, der ihr einen Ausweis als Reporterin ausstellt.

»Mir ist journalistische Arbeit als Reporter angeboten worden, aber ich fühle mich dafür nicht geeignet. Ich glaube nach wie vor, daß das eine Männerarbeit ist, auch wenn viele Frauen sie hier ausüben. Vielleicht können sie es, ich bin aber nicht aggressiv genug dafür. Selbst Propagandaphotos, wie ich sie in Mexiko begonnen habe, fassen hier allmählich schon Fuß. Es gibt einen Verband für Arbeiterphotographen (mittlerweile haben hier alle eine Kamera), und die Arbeiter knipsen diese Photos selbst und haben dazu bessere Möglichkeiten, als ich sie je haben könnte, da sie ja ihr eigenes Leben und ihre eigenen Probleme photographieren. Natürlich liegen die Resultate weit unterhalb des technischen Standards, den ich beibehalten möchte, aber wie dem auch sei, ihren Zweck erreichen sie auch so. Ich spüre, daß es dabei auch etwas für mich geben muß, aber ich habe es noch nicht gefunden, und unterdessen vergehen die Tage, und ich verbringe schlaflose Nächte über der Frage, wohin ich mich wenden und mit was ich anfangen soll. Ich habe begonnen, mit dem Photoapparat auf die Straße zu gehen, jedoch *nada*.«

Mit der Zeit kommt Tina allmählich mit den intellektuellen Kreisen Berlins in Kontakt, das von Widersprüchen und immer heftigeren bewaffneten Zusammenstößen zerrissenen ist. Der Nationalsozialismus gewinnt unaufhaltsam die Zustimmung der Massen und erhält im September sieben Millionen Stimmen. Tinas Integrationsschwierigkeiten müssen sich verschärfen. Und obschon sie sich bereits darauf einstellt, Deutschland in Richtung Sowjetunion zu verlassen, erlebt sie doch auch enthusiastische Momente.

»Ich habe Dir vor ein paar Tagen einen Brief geschrieben, den ich jetzt fast bedauere. Ich fühlte mich schwach, und um nicht alles für mich behalten zu müssen, habe ich Dich in meine Depression hineingezogen. Bitte, verzeih mir; Du brauchst Dich nicht um mich zu sorgen. Ich werde mich durchkämpfen, und noch ist das letzte Wort nicht gesprochen; ich bin sicher, daß all diese Prüfungen Früchte tragen werden. Mit anderen Worten, ich habe genügend Selbstvertrauen und weiß, daß ich meine Fähigkeiten nicht unterbewerten darf. Nur gibt es manchmal Momente – und wer hat die nicht? –, in denen alles schwarz aussieht (vielleicht ist wirklich alles schwarz, und das sind dann die eigentlich lichten Momente . . .), am nächsten Tag jedoch kann wieder die Sonne scheinen, und das Panorama ändert sich wie durch Zauberei.«

Das Fehlen der Sonne und Wärme Mexikos belastet ihren Gemütszustand in einem Maße, das nicht unterschätzt werden darf. Sogar ihre Arbeitsergebnisse verraten die Eingewöhnungschwierigkeiten.

»Mich interessiert deine Entscheidung wegen des Glanzpapiers. Natürlich kann ich schon die *Pittorialisten* sehen, wie sie die Arme hochwerfen und sich erregen wegen dieser neuerlichen Schmähung durch den schrecklichen Bilderstürmer Edward Weston! Bis heute habe ich die ganze Produktion unterbelichtet, die ich hier begonnen habe. Dieses verdammte Licht hier, und das nach der Sonne Mexikos! Natürlich hatte ich zuvor daran gedacht . . . aber in Zukunft werde ich besser arbeiten!«

Sie verliert keine Zeit, den Beweis dafür anzutreten. Über eine private Ausstellung von Tinas Photographien im Atelier von Lotte Jacobi schreibt einer der Kritiker: »Das Geheimnis ihres Werks liegt darin, daß sie mit dem Blick von Güte die Welt sichtbarer machte (. . .). Dieser Blick wollte, daß die Augen eines armen Kindes schöner waren als die künstlich zum Glänzen gebrachten Augen einer Ballkönigin; daß die Landschaften der Arbeit, die Produkte der Arbeit und die Produktionsmittel, die Zuckerrohrplantagen, die mexikanische Sicheln, die Tonkrüge, die Hände, die eine Schaufel umklammern, anmutiger waren als die grünen Hänge der Schweiz. Nur empfinden die Menschen kein Glück. Warum? Die Frage ist in ihren Photographien enthalten.«

Trotz des sich wiedereinstellenden Erfolges nähern sich ihre Entscheidungen dem Punkt, an dem es kein Zurück gibt, teilweise wegen der Ereignisse in Deutschland, hauptsächlich jedoch wegen der Gegenwart Vidalis sowie der Einsamkeit und des Verlustes eines für immer verschwundenen Milieus: im Oktober 1930 läßt Tina Deutschland und die Photographie hinter sich. Drei Monate später erhält Weston einen Brief; es ist ihr letzter an ihn.

»Ich lebe in einem ständigen Trubel, seitdem ich hier angekommen bin, so sehr, daß ich mich nicht einmal mehr daran erinnere, ob ich Dir in diesen drei Monaten geschrieben habe oder nicht. Auf jeden Fall habe ich heute die Ankündigung Deiner Ausstellung erhalten (mit dreimonatiger Verspätung, dank der Nachlässigkeit der Person, die mir die Post aus Berlin nachschickt), und ich kann keinen Tag länger warten, Dir *saludos* zu schicken, mit demselben Gefühl wie immer. Ich hatte noch nie so wenig Zeit für mich wie jetzt. Das hat seine Vorteile, aber auch seine Unannehmlichkeiten, vor allem, wenn ich keine Zeit finde, die ich Dir widmen könnte, wenn auch nur durch ein paar hingekritzelte Sätze. Es gäbe viel zu sagen über mein Leben hier, aber ich habe keine Zeit. Ich lebe ein vollkommen neues Leben hier, das so interessant ist, daß ich mich beinahe wie ein anderer Mensch fühle.«

Und es folgt ein Rat an Weston, ihr zwar weiterhin an die Adresse in Berlin zu schreiben, aber nur möglichst kurze Briefe, aus Gründen, die sie nicht nennen kann.

Wir wissen nicht, warum sie den Briefwechsel abbrach und damit das Ende der Verbindung zu Weston herbeiführte. Häufige Umzüge, politische Schwierigkeiten, divergierende Interessen, bis hin zum Empfinden völliger Distanz können Gründe sein. Vielleicht geschah es auch aufgrund der Zensur und Kontrolle, der ausländische Kommunisten im stalinistischen Moskau unterworfen waren.

Tina scheint das neue Leben als kommunistische Aktivistin rückhaltslos in Anspruch zu nehmen. So wie ich sie heute kenne, im Licht ihres vorherigen und ihres späteren Lebens, glaube ich, daß sie zu spät nach Moskau kam, und daß dies symptomatisch war für ihre Situation seit jenen Jahren im nachrevolutionären Mexiko bis zum letzten Tag ihres kurzen Lebens. Fünf Monate zuvor, am 14. April, hatte Wladimir Majakowski seine letzen Verse geschrieben, bevor er sich eine Pistole auf die Brust setzte und sich damit ins Herz schoß:

Wie man sagt:
»Der Fall ist erledigt!«
Der Kahn der Liebe
ist in dem Lebensstrom zerschellt.
Ich bin mit dem Leben quitt.

Tina Modotti: Vidali auf dem Schiff

6

Vittorio Vidali schifft sich in Veracruz auf der *Edam* ein, mit der Order, nach Moskau zurückzukehren. In Tinas Briefen findet sich von diesem nicht unwichtigen Faktum keine Spur. Vidali wird gesucht, weshalb selbstverständlich ist, daß Tina niemandem, auch nicht Weston gegenüber seinen Namen erwähnt. Doch ist mir unerklärlich, was ihn dazu bewogen haben mag, ein Schiff zu nehmen, das in jedem Hafen von Journalisten und Polizisten umlagert wird. Seine Beziehung zu Tina geht offenbar über die gemeinsame politische Arbeit hinaus, und zwar so weit, daß er diese ungewöhnliche Reise mit ihr teilt. Trotzdem will Tina ihm nicht sofort nach Moskau folgen und bleibt in Berlin, während Vidali seinen Aufgaben als Agent der Komintern nachgeht. Tina kommt sechs Monate später nach Moskau und tritt dort in die Rote Hilfe ein; im Hotel Sojuznaja teilt sie ein Zimmer mit ihm.

Wenige Tage später wird Vidali zu Jelena Stassowa bestellt, die frühere Sekretärin von Lenin, nun die von Stalin und überdies eine Persönlichkeit mit uneingeschränkter Macht. Sie weist ihn wegen seines ungebührlichen, mit bolschewistischer Moral nicht zu vereinbarenden Verhaltens harsch zurecht. Vidali verteidigt sich, jede emotionale Beziehung zu Tina verleugnend, und beteuert, daß Paolina Hafkina, die Frau, die von ihm ein Kind erwartet, seine Gefährtin sei. Ein paar Tage später kommt seine Tochter Bianca zur Welt, was ihn vorübergehend entlastet. Vidali selbst räumt später in seinem Buch ein, er sei damals bereits mit Tina liiert gewesen und habe die Stassowa belogen.

Das politische Klima in Moskau verschärft sich unaufhaltsam. Die gigantischen Anstrengungen zur Durchführung des ersten Fünfjahresplans zeigen das andere Gesicht der *Revolution in einem Land.* Elend, Hunger und Niedergeschlagenheit bei den Menschen, die einen großen Teil ihres Lebens mit zermürbendem Schlangestehen verbringen und passiv hinnehmen, wie der bürokratische Leviathan wächst und wächst, dieser Krake der Denunziation, der der stalinistischen Orthodoxie sofort jeden geringsten Verstoß meldet. Vidali ist einer der wenigen Ausländer, die den Mitgliedsausweis der bolschewistischen Partei besitzen, ein Zeichen des beträchtlichen Vertrauens, das Väterchen Stalin ihm gegenüber hegt. Aber wie alle Aktivisten und Funktionäre muß sich auch Vidali 1933 der Kontrolle durch die *Tschistka,* dem amtlichen Instrument der Säuberung, unterziehen. Die Überprüfung der jeweiligen Biographie durch die Kommission des Zentralkomitees ist obligatorisch, und nur wer beweisen kann, daß der Verdacht der »Heuchelei« und der »Degeneration durch bürgerliche Herkunft« absolut unbegründet ist, erhält den Ausweis zurück. Vidali hat eine Auseinandersetzung mit Luigi Longo, der nicht zögert, ihn wegen seiner früheren terroristischen Neigungen anzuzeigen. Aber die »Genossin Präsident« der *Tschistka* setzt sich persönlich für seine Verteidigung ein und rettet dadurch seine Integrität als angesehener politischer Aktivist. In Vidalis bereits erwähnten Memoiren taucht Longo als kleinliche Gestalt auf, die, vielleicht aus Naivität, in einen Denunziationsversuch verwickelt war.

Im Sommer 1933 wird Vidali in schwieriger Mission erneut nach Deutschland geschickt. Er soll dem Parteibeauftragten für Propaganda und Publikation zur Flucht verhelfen, hat dazu zum Empfang erster Instruktionen zunächst nach Paris zu reisen, und dann, zur Durchführung des Plans, nach Berlin. Die Sache nimmt einen mysteriösen Verlauf; Vidalis Rolle dabei ist bis heute nicht geklärt, obgleich er versucht hat, sich in seinen Memoiren als ahnungsloser Befehlsempfänger hinzustellen. Die Person, der er zur Flucht verhelfen sollte, ist bereits frei, offiziell wegen einer verwickelten Liebes- und Korruptionsgeschichte, was ihm zunächst ins Krankenhaus und dann zur Flucht verholfen hat. Vidali schafft ihn mit drei anderen zusammen nach Moskau, doch in der Folge stellt sich heraus, daß die Gruppe von der Gestapo überwacht wird und der »Flüchtige« mit den Nazis zusammenarbeitet. Das alles unter Oberaufsicht Moskaus, das die Infiltration aus unbekannten Gründen zuließ. Vidali schreibt in seinen Memoiren, die Funktionärin Blagojewa habe ihm berichtet, daß die ganze Berliner Mission lediglich zur Überprüfung seiner Agententätigkeit diente.

Im August 1933 werden Tina und Vidali vor das Vierte Büro der Roten Armee, den Sitz des Geheimdienstes, zitiert. General Bersin erläutert beiden die geplante heikle Mission: Verlegung nach China und Eintritt in das Agentennetz von Richard Sorge; Tina scheint durch ihre Kenntnisse in Photographie und Sprachen bestens geeignet. Beide nehmen an.

Sorge ging als der sowjetische Spion in die Geschichte ein, der 1941 über den genauen Zeitpunkt des bevorstehenden deutschen Angriffs informierte. In der Befürchtung, dem nationalsozialistischen Verbündeten durch Truppenzusammenziehungen an den Grenzen Vorwände zu liefern, wertete Stalin die Nachricht von einem bevorstehenden Angriff als Provokation; sämtliche seiner engsten Mitarbeiter wurden instruiert, die Überzeugung all derer zu überprüfen, die vor einem Angriff zu warnen versuchten, und sie der Zensur zu unterwerfen. So kamen die drei Korps der deutschen Armee, die am 22. Juni 1941 um 3.15 Uhr die sowjetischen Linien in Richtung Leningrad, Kiew, Charkow und Moskau durchbrachen, erst im darauffolgenden Dezember, durch den Winter und das Opfer Tausender von Männern der Roten Armee aufgehalten, zum Stehen. Die Frage ist, ob Stalin nicht auch dies veranschlagt hatte, um sich einer Reihe hoher Offiziere im Krieg zu entledigen, die für ihn eine Gefahr hätten darstellen können. So verpaßte er die Chance, ein langes Ausbluten zu vermeiden und mit der Befreiung Europas voranzuschreiten, während Sorge sein sinnloses Opfer mit dem Leben bezahlte: nach seiner Entlarvung durch die Japaner wurde er zum Tod durch den Strang verurteilt.

Die Mission von Vidali und Tina wird jedoch aus unbekannten Gründen durch die Stassowa blockiert. Die Order ist von Kliment Woroschilow, dem obersten Kommandanten der sowjetischen Streitkräfte, persönlich unterzeichnet. Vidali behauptet, er habe danach keine direkt vom

Geheimdienst kommenden Aufträge mehr erhalten. Die Tatsache, daß Tina sich im August 1933 bereit erklärte, für diesen zu arbeiten, ist jedoch unbestritten.

Es ist unmöglich, die Arbeit, die Tina in Moskau verrichtete, im einzelnen nachzuvollziehen. Nur die Geheimarchive der GPU/NKWD könnten dies offenlegen. Im Oktober 1930 in Moskau angekommen, will sie als erstes Xavier Guerrero wiedersehen, um ihm persönlich auseinanderzusetzen, was sie ihm früher in einem Brief hatte erklären wollen. Guerrero lehnt jedes Treffen ab, bis es ihr gelingt, ihn in dem Zimmer, in dem er wohnt, aufzusuchen. Das Verhalten des rigiden Stalinisten (der in Mexiko den Spitznamen »Statue aus Stein« erhalten hatte) während der kurzen Unterredung verbittert und kränkt sie. »Er wollte nicht reden«, vertraut sie Vidali an, »er beschränkte sich darauf, mir zuzuhören, stumm und respektheischend wie immer. Am Ende sagte er mir nur, daß er nicht beabsichtige, über meinen Brief und noch viel weniger über meine Erklärungen zu debattieren. Zwischen uns gäbe es nichts mehr zu klären, und für ihn sei ich ein Mensch, den er niemals gekannt hätte«.

Am 7. November nimmt sie an den großen Feiern zum Gedenken an die Oktoberrevolution teil. In der Menge scheint sie den Enthusiasmus über ihr politischen Entscheidungen von einst wiederzufinden, angespornt durch die Beteiligung der Massen, die in Gegenwart der Parteiführung auf dem riesigen Roten Platz zusammengeströmt sind. Vidali wird mit vielsagender Bedeutsamkeit gegrüßt; er hat Stalin bereits 1927 persönlich kennengelernt und sein Wohlwollen auf sich gezogen.

Tina widmet sich, mit Disziplin und Hingabe, ganz und gar bürokratischer Arbeit. Dem Sektor Presse und Propaganda zugeteilt, verfaßt sie Beiträge, Artikel, Aufrufe, übersetzt die ausländische Presse, besorgt deren Archivierung und sucht Fabriken auf, um dort Diskussionen über die Repression im europäischen und lateinamerikanischen Ausland zu veranstalten. Sie nimmt auch an allen Versammlungen des Apparats, des Exekutivkomitees und der Parteizelle teil, in der sie eingeschrieben ist. Anscheinend weigert sie sich jedoch, zu den Fragen »Trotzkismus oder Bucharinismus« Stellung zu nehmen und schweigt bei allen Diskussionen über die verschiedenen »Abweichungen«. Als auch sie vor die

Tschistka zitiert wird, begnügt sie sich bei der Frage, ob sie mit der Linie der Partei vollständig einverstanden sei, mit einem bloßen »ja« als Antwort. Doch hinter dieser einfachen, kühlen Bejahung verbirgt sich ihre Nachgiebigkeit gegenüber jenen unerbittlichen Mechanismen, die Dutzende ihrer Landsleute und Freunde, mit denen sie in engem Kontakt steht, vernichten werden. Tina ist in der Internationalen Roten Hilfe aktiv, die, wie wir später in der Aussage des hohen Geheimdienstoffiziers Kriwitzki sehen werden, ein reines Überwachungs- und Denunziationsinstrument ausländischer Parteileute war. Vidali führt sie in den Club italienischer Emigranten ein. Viele aus diesem Kreis endeten später in Sibirien oder wurden in den Höfen der Geheimgefängnisse der GPU erschossen.

Präsident des Clubs war Paolo Robotti, der Schwager Togliattis.

»Während einer Versammlung des Exekutivkomitees der Kommunistischen Internationale sollte sich die unter Togliattis Führung nach Moskau gekommene italienische Delegation auf einer Sondersitzung mit den italienischen Emigranten in der UdSSR befassen. Nach dieser Sitzung wurde ich zum Genossen Giuseppe Dozza bestellt, der mich im Namen der Delegation aufforderte, die Leitung der italienischen Sektion des Clubs zu übernehmen, in dem ich mich bislang vorsorglich recht selten hatte blicken lassen. Er teilte mir auch die Vorschriften mit, die zur notwendigen Orientierung der Aktivitäten der Sektion befolgt werden sollten, Vorschriften, die mit denen der italienischen Emigration in anderen Ländern übereinstimmten. Ich nahm die Aufforderung ungern an, versuchte jedoch, mein bestes zu tun, um innerhalb unserer Emigration eine Wende zu bewirken, die mit jenen Vorschriften, die ich voll billigte, überstimmte.«

Robotti verschweigt, warum er die Aufgabe ungern annahm, und worin jene »Wende« bestand, die die Parteispitze der italienischen Emigration in Moskau auferlegt hatte. Als Mitarbeiter, die sein »Wirken« unterstützen sollten, nennt er die Namen Giovanni Germanetto, Clarenzo Menotti und Vittorio Vidali. In seinem Buch *Nach Moskau ohne Wiederkehr* beschuldigt der (1951 wegen »Titoismus« ausgeschlossene) Kommunist Guelfo Zaccaria Vidali offen verschiedener Verbrechen und liefert eine umfassende Beschreibung vom Funktionieren des Clubs.

»Die Atmosphäre im Internationalen Club der Emigranten war drückend. Es herrschte ein Klima des Mißtrauens und wechselseitigen Argwohns: weit verbreitet war der Eindruck, daß viele Besucher des Clubs und vor allem seine Leiter gewohnheitsmäßige Informanten der GPU waren, ein Eindruck, der im übrigen mehr als gerechtfertigt war, zieht man in Betracht, daß nicht wenige der in den Jahren des großen Terrors verhafteten Italiener gerade deswegen festgenommen wurden, weil sie bei persönlichen, freundschaftlichen Gesprächen im Club für damalige Zeiten unorthodoxe Äußerungen von sich gaben.«

Der Club lag in der Leontiewskj pereulok, einer Querstraße der Twerskaja, in einem kleinen, alten Palast, der bis zur Oktoberrevolution einem Grundbesitzer gehört hatte. Am Eingang erinnerte eine Gedenktafel aus Marmor an das konterrevolutionäre Attentat, das am 25. Oktober 1919 verübt worden war, als die Anarchisten auf den Sekretär des Komitees, Wladimir Sagorskij, eine Bombe geworfen hatten, aus Protest gegen die Verfolgung ihrer Bewegung durch die Bolschewiken. Es gab einen Raum mit Bühne für die großen Versammlungen, einen anderen für die Treffen der nationalen Sektionen, ein Büro mit Sekretariat für jede Vertretung und ein von 18 Uhr bis Mitternacht geöffnetes Café. Nach Schätzung von Dante Corneli, Sekretär der kommunistischen Emigration Italiens und Abgeordneter des Sowjets von Rostow, gingen gut zweihundertsechsundzwanzig Italiener den Weg ohne Wiederkehr nach Sibirien, weitere neun wurden erschossen, vier begingen Selbstmord, zwei starben in der Psychiatrie, und nur vierzehn Glücklichen, darunter Corneli, gelang es, die Deportationen zu überleben; sie wurden freigelassen, als Chruschtschow kam. Nur wenigen dieser aufrichtigen Kommunisten, die, faschistischen Gerichten entronnen, nach Moskau gekommen waren, weil sie begeistert an die Errichtung einer neuen Welt glaubten, ist durch die Veröffentlichung ihrer tragischen Geschichte Gerechtigkeit widerfahren. Zu ihnen gehört Emilio Guarnaschelli, dessen Gefährtin Nella Masutti unter dem Titel *Ein kleiner Stein* eine Sammlung seiner Briefe veröffentlicht hat. Bei der Lektüre dieser Briefe läßt sich der Übergang von der naiven Begeisterung für die sowjetische Gesellschaft hin zur Enttäuschung über die Ungerechtigkeiten und das ungewöhnliche Klima des Argwohns und der Denunziation, dem Guarnaschelli zum Opfer fiel, bis er in einem Zwangslager in Sibirien dahinsiechte, nachvollziehen. Seine »Schuld« bestand darin, im Club der Emigranten, wo stets wachsame Ohren gespannt den Ergüssen der »Abweichler« lauschten, offen Kritik geäußert zu haben. Nella Masutti, die obgleich Sowjetbürgerin, ebenfalls am Clubleben teilgenommen hatte, schreibt in der Einleitung des Buches:

»Der stalinistische Roboter Paolo Robotti, Togliattis Schwager, leitete den Club der politischen Emigranten in Moskau, von dem das Schicksal der Italiener und folglich auch das von Emilio abhing. Nach der Ermordung Kirows am 1. Dezember 1934 schlug eine Welle von Verdächtigungen und Denunziationen über der Sowjetunion zusammen. Paolo Robotti organisierte in diesem Club die von Stalin gewünschten Sitzungen zur Selbstkritik, und jeder Italiener hatte sich an die Brust zu schlagen, kurz gesagt, er mußte angesichts einer schon vorab übelwollenden Kommission nach der winzigsten Spur einer Erinnerung an die geringste, früher einmal begangenen Schuld suchen. Und es war nicht angebracht zu versichern, man habe sich nichts vorzuwerfen. Es war mehr von Vorteil, etwas zu erfinden, als nichts zu sagen. Überdies hatte Paolo Robottis in seinem Notizbuch stets eine Denunziation vermerkt, und wer sich gar nichts vorzuwerfen hatte, mußte daran glauben.«

Die Ermordung Kirows bezeichnete den Höhepunkt des Säuberungswahns. Ende Januar 1934 war der XVII. Parteitag abgehalten worden, der als Kongreß der Sieger in die Geschichte einging. Die Erfolge des ersten Fünfjahresplans und der Zwangskollektivierung der Landwirtschaft waren gefeiert, und ein ehrgeiziges Programm für die nächste Zukunft war verabschiedet worden. Trotz scheinbar einhelligen Konsenses hatten sehr populäre Parteiführer wie Kirow, Petrowski und Postyschew auf die Zweckmäßigkeit einer Freistellung Stalins vom Posten des Generalsekretärs hingewiesen, und zahlreiche Delegierte hatten dafür gestimmt. Der Versuch scheiterte, und von diesem Moment an verschloß sich Stalin immer mehr in seine wahnhafte Vorstellung, von Verrätern umzingelt zu sein. Er glaubte sich auch von Mitarbeitern im Stich gelassen, die er zu höchsten Ämtern emporgehoben hatte und die sich inzwischen der Notwendigkeit bewußt geworden waren, die monströse Maschinerie anzuhalten, die sie selbst in Gang gesetzt hatten. Stalin nutzte das Jahr 1934 zum Ausbau seiner persönlichen Macht, indem er eine Reihe von Gegenmaßnahmen ergriff, die auf die Eliminierung der meisten Funktionäre aus seinem Umkreis zielte. Nach einem halben Jahr begann er eine neue Säuberung, die sich dadurch auszeichnete, daß die Vergangenheit eines jeden Parteimitglieds minutiös durchleuchtet und entsprechende Belege gesammelt wurden, wobei die ihm verbliebenen Getreuen Hunderttausende von Akten zusammenzustellen hatten. Aus diesen Aktenbergen gingen die blindwütigsten, erbarmungslosesten Säuberungen der sowjetischen Geschichte hervor. Dennoch konnte Stalin es nicht wagen, durch eine offene Beschuldigung der populärsten Parteiführer das empfindliche und hochkomplizierte innere Gleichgewicht zu zerbrechen, da er deren großen Einfluß auf die Massen fürchtete. Mit Kirow erreichte er sein Ziel in zweifacher Hinsicht: er hatte einen gefährlichen Gegner beseitigt und den *casus belli* zur weiteren Verschärfung der Repression gefunden.

Am 1. Dezember 1934 betritt der junge kommunistische Parteiaktivist Leonid Nikolajew den Sitz der Leningrader Parteileitung, das Smolny-Institut, und ohne daß ihm eine Wache des strengen Sicherheitsdienstes in den Weg tritt, erreicht er Kirows Büros und feuert aus seinem Nagan-Revolver Schüsse auf ihn ab. Auf dem XX. Parteitag der KPdSU äußerte Chruschtschow die Vermutung, daß dieses Verbrechen von Stalin befohlen worden war. Zu den vielen Einzelheiten, die diese These stützen, gehören zwei vorangegangene Attentatsversuche Nikolajews, der nach seiner Verhaftung durch Kirows Wachen dann auf »höheren Befehl« hin ohne Angabe von Gründen wieder freigelassen worden war. Der für Kirows Schutz verantwortliche Borisow hatte diese Tatsache auch der Untersuchungskommission mitgeteilt; an dem Tag, an dem er aussagen soll, holt ihn ein Lastwagen voller Soldaten ab, die statt mit Gewehren mit Eisenstangen ausgerüstet sind: wenige hundert Meter weiter geschieht ein durch plötzliches Schleudern verursachter Unfall, der das Auto an einer Mauer entlangschlittern läßt. Es gab keine Verletzten, außer Borisow, der »aufgrund des Aufpralls« an Ort und Stelle mit eingeschlagenem Schädel stirbt. Als Nikolajew vor dieselbe Kommission zitiert wird, um die Motive darzulegen, die ihn zur Ermordung Kirows bewegt haben, richtet er den Blick auf die anwesenden Funktionäre der GPU und schreit: »*Die* haben mich dazu gezwungen! Fragt doch die, warum!« Unmittelbar darauf stürzen sich zwei Männer auf ihn und schlagen ihm mit Pistolenschäften den Schädel ein. Es ist nicht klar, ob Nikolajew in der Zelle starb, ohne das Bewußtsein wieder erlangt zu haben, oder ob er später beseitigt wurde. Auf jeden Fall verschwand er spurlos.

Wenige Stunden nach Kirows Tod schreibt Stalin im Namen des Zentralkomitees den zu trauriger Berühmheit gelangten *Brief über die aus der verabscheuungswürdigen Ermordung des Genossen Kirows zu ziehenden Lehren.*

»Die opportunistische Gutgläubigkeit, die von der irrigen Unterstellung rührt, daß der Feind in dem Maße, in dem unsere Kräfte wachsen, immer unschädlicher und harmloser werde, muß ein Ende haben. Eine solche Unterstellung ist vollkommen falsch. Sie ist ein Wiederaufguß der Rechtsabweichung, die allen und überall versicherte, daß die Feinde ohne schwere Schläge zum Sozialismus gelangen würden. (. . .) Wir müssen daran erinnern, daß die Feinde, je verzweifelter ihre Lage ist, desto mehr auf ›äußerste Mittel‹ zurückgreifen, als die einzigen Mittel für Leute, deren Bestimmung es ist, im Kampf gegen die Sowjetmacht unterzugehen. Wir müssen daran erinnern und wachsam sein.«

Die endlose, zur letzten Ehrung Kirows versammelte Menge preist Stalin, die Oktoberrevolution und die GPU, den »flammenden Speer der Sowjetmacht«. Das doppelte Ziel, den Widersacher zu eliminieren und die Zustimmung zur Repression zu erhalten, ist voll und ganz erreicht. Über den Beitrag Vidalis zur »Verschärfung des Klassenkampfes im Sozialismus« gibt es verschiedene Zeugnisse. Das von Guelfo Zaccarini über das traurige Ende des Triestiner Kommunisten Luigi Calligaris mag genügen.

Nachdem Calligaris 1926 wegen seiner antifaschistischen Tätigkeit verhaftet und nach Favignano, Ustica und Ponza verbannt worden war, geht er nach Frankreich und danach in die Sowjetunion. Er arbeitet zunächst in einer Werkstatt in Charkow und ersucht mehrfach um seine Rückkehr nach Italien, um dort gegen den Faschismus kämpfen zu können. Nach wiederholten Absagen durch die Komintern begibt er sich nach Moskau, wo er in der Kugellagerfabrik Kaganowitsch arbeitet und sich soweit verdient macht, daß die Unternehmensleitung ihn lobt und auszeichnet. Aber seine Sympathien für Bordiga sollten sich für ihn als fatal erweisen.

»Gemeinsam mit drei weiteren Bordigisten rief er innerhalb der italienischen Sektion des Internationalen Clubs der Emigranten einen oppositionellen Zirkel ins Leben. Gegen ihn zog vor allem Vittorio Vidali ins Feld, wie er aus Triest stammend und einstiger alter Kampfgenosse, dem er im Namen der früheren Freundschaft unvorsichtigerweise seine Meinung über Stalin anvertraut hatte. Nach der Ermordung Kirows in Leningrad verhaftete man Calligaris und verurteilte ihn zu drei Jahren Zwangsarbeit, zu deren Verbüßung er in ein Lager in der Gegend von Archangelsk verschickt wurde, wo er bald schon an Tuberkulose erkrankte. Seine letzter Brief erreichte Triest im September 1936: darin teilt Calligaris seinen Verwandten mit, daß ihm verboten sei, ihnen weiter zu schreiben, und daß sich seine Strafe nach der Verbüßung automatisch um drei weitere Jahre verlängern würde. Seit damals hat man nichts mehr von ihm gehört.«

Wir haben nichts in der Hand, um beurteilen zu können, inwieweit durch diese Geschehnisse für Tina der Enthusiasmus zusammenbrach, der sie in den vergangenen Jahren getragen hatte. Aus den einzigen Äußerungen direkt dazu, die von Vidali stammen und dadurch zwangsläufig parteilich sind, ergibt sich das mittlerweile schon vertraute Bild einer schweigsamen, disziplinierten Person, deren undeutliche Skrupel im Namen der Partei, die *stets und immer recht hat*, zum Verstummen gebracht werden: »Tina war keine durch und durch politische Frau, wollte es auch nicht sein. Deshalb zeigte sie an den vielen, oft quälenden internen Fragen der Partei damals, wie dem Kampf gegen den Trotzkismus oder Bucharinismus, kein Interesse. Sie wollte nichts davon wissen, und niemals hörte ich sie über derartige Probleme, über Persönlichkeiten in der Sowjetunion oder in anderen Ländern urteilen.«

Natürlich hätte sie die Sowjetunion nicht mehr verlassen können, hätte sie ein solches Urteil geäußert; tatsächlich ist sie jedoch ausgesprochen glücklich, zwischen 1932 und 1934 im Ausland Aufgaben für die Rote Hilfe übernehmen zu können. Die Reisen nach Polen, Ungarn, Rumänien und später nach Spanien, Paris und Wien sind die einzige Möglichkeit, sich dem paranoiden Moskauer Klima zu entziehen. Nach ihrer neuerlichen Rückkehr wird sie von der Stassowa damit beauftragt, sich neben ihrer bürokratischen Arbeit um die Beziehung zu den »Intellektuellen«, vor allem zu Maxim Gorki und Sergej Eisenstein, zu kümmern. An diesem Punkt jedoch ist es notwendig, in Erinnerung zu rufen, wie die Situation der »Intellektuellen«, die Tina um Unterschriften und Unterstützung gegen die »imperialistische Repression« anging, beschaffen war.

Leopold Awerbach ist Generalsekretär des Verbands Proletarischer Schriftsteller. Awerbach, ein Aufsteiger mit besonderer Begabung für die bürokratische Laufbahn, wacht über die bolschewistische Moral der Dichter und Schriftsteller. Als jedoch *Literatur und Revolution* von Victor Serge bei einem Verleger in Paris erscheint, wird er abgesetzt und sein Verband aufgelöst, mit dem Vorwurf der Ineffizienz, da er der Gefährlichkeit des Autors nicht rechtzeitig entgegengetreten war. Als Jagodas Neffe gelingt es ihm, sich durch eine groteske Verurteilung seiner eigenen »Kulturpolitik« zu retten. Nach dem Sturz seines Beschützers wird er 1937 dann ebenfalls erschossen.

Sergej Jessenin, einer der größte Lyriker, den Rußland je hatte, schließt sich in sein Hotelzimmer ein und schneidet sich die Pulsadern auf; mit seinem Blut schreibt er die letzten Zeilen: »Freund, leb wohl. Mein Freund, auf Wiedersehen. (...) Sterben – nun, ich weiß, das hat es schon gegeben; doch: auch Leben gabs ja schon einmal.« Dann erhängt er sich mit einem Kofferriemen an den Rohren der Warmwasserheizung. Begeistert hatte er die Revolution begrüßt und mit einer Leidenschaft erlebt, die ihn noch anfälliger für Enttäuschungen machte. Für kurze

Zeit hatte er sich von ihr abgewendet, um Isadora Duncan zu folgen, die er so überstürzt heiratete, wie er alle Erfahrungen lebte. Nach seiner Rückkehr 1922 bemühte er sich vergebens um ein Verständnis der neuen Realität Sowjetrußlands. Unnachgiebig und entwurzelt schreibt er: »Hier ist sie, die unerbittliche Härte, die das Leid der Menschen wieder annimmt. So wie die Sichel schwere Ähren schneidet, wird hier den Schwänen der Hals abgeschnitten. Ich war grausam, ich war wild, doch nur, um mit größerer Hitze zu brennen. Und heute bin ich ein Fremder in meiner eigenen Heimat.«

Wenig später nimmt sich der Erzähler Andrej Sobol das Leben, dessen Expressionismus Gorki nicht zusagte; Sobol, der vom Zaren nach Sibirien deportiert worden, ins Exil gegangen und wieder heimgekehrt war, um im Kaukasus die Weiße Armee zu bekämpfen, hatte in den letzten Jahren isoliert gelebt und war der Zensur unterworfen worden.

Majakowski erschießt sich; auf dieselbe Weise bringt sich auch Jewgenija Bogdanowna Bosch am Vorabend der Säuberungen an der Universität um. Sie schoß sich, liegend, eine Kugel in die Schläfe.

Lutwinow tötet sich, Glazman bringt sich um, der junge Viktor Dmitriew und seine Frau sterben gemeinsam, und diese Liste verlängert sich so sehr, daß die Zentrale Kontrollkommission zu einer außerordentlichen Sitzung zusammentritt.

Wer nicht weggeht und Kräfte sammelt, um Leere und Ödnis in Worte zu fassen, den trifft die Verfolgung unausweichlich; bisweilen subtil und schleichend, durch Isolierung und Publikationsverbot, noch öfter jedoch brutal, wie im Fall Pilnjak, der die formalistische, nichtnarrative Technik bis zum Äußersten getrieben hat. Pilnjak verschwindet im Nichts, und erst nach vielen Jahren wird bekannt, daß er in einem Zwangslager starb. Das gleiche Schicksal ereilt Iwanow-Razumnik, dem aufgrund seines »Defaitismus« lediglich gestattet war, literarische Bildungsthemen zu behandeln.

Eine mehrfache Zensur entstellt alle Arten von Literatur und macht sie dürr und unfruchtbar. Der für eine Edition Verantwortliche konsultiert das Literaturbüro, das Manuskripte und Fahnen zensiert. Ist die erste Prüfstelle passiert, verkündet die offizielle Kritik ihr Urteil: ob das Werk es verdient, von den Bibliotheken erworben zu werden, ob es bloß zu tolerieren oder zurückzuziehen ist. Nach jahrelanger Arbeit Leningrader Intellektueller wird die gesamte Auflage des Enzyklopädischen Wörterbuchs innerhalb weniger Tage eingestampft. Artjom Wesjoly wird zum Schweigen gebracht, weil er seinen Roman *Rußland in Blut* gewaschen nennt; der bereits 1914 wegen seines subversiven Romans *Das Dach der Welt* verfolgte Samjatin, ein Vorläufer von Huxley und Orwell, wird nun der Veröffentlichung des satirischen Romans *Wir* beschuldigt; dank Gorkis Intervention kann er sich retten, ist jedoch gezwungen, ins Exil zu gehen.

Es bleibt nicht bei individueller Verfolgung, darauf muß noch das Ritual des kollektiven Abschwörens folgen. Also verurteilen die Überlebenden öffentlich die abtrünnigen Kollegen. Als die Presse Samjatin und Pilnjak als Feinde der Allgemeinheit denunziert, unterschreiben die Schriftsteller des Verbandes bereitwillig jegliche Art der Verurteilung, zu der ihnen geraten wird, um sich danach privat für Begnadigungen einzusetzen. Pasternak, Alexej Tolstoi und Fedin, Iwanow, Gorki und alle anderen sind so verfahren. Max Eastman prägte das treffende Wort vom »Schriftsteller in Uniform«. Natürlich gibt es auch Versuche, gemeinsam zu protestieren, wie 1929 in Leningrad, als ein scharfes Kommuniqué gegen Diffamierung und administrative Drohungen unterschrieben wird; es verschwand im Schweigen, und im Laufe der Jahre rollten die Köpfe.

Gorki bezieht keine Stellung, auch wenn er in der Abgeschlossenheit der Salons unter Alkoholeinfluß äußert: »In früheren Zeiten hatte der russische Schriftsteller nur den Polizisten und den Erzbischof zu fürchten; der kommunistische Funktionär heute ist sowohl das eine wie das andere: stets will er seine schmutzigen Pfoten in deine Seele stecken.«

Wer sich den Direktiven beugt, wem es gelingt, auszumachen, woher der Wind weht, und wer momentan Protektion finden kann, ist des finanziellen Erfolges gewiß. Die Kulturabteilung des Zentralkomitees bestimmt für jede Saison die Themen der Dramen und Komödien. Afinogenow wird mit seinen *Aristokraten*, die in den hintersten Theatern des sowjetischen Eurasiens gespielt und vom Internationalen Verlag in viele Sprachen übersetzt werden, in kurzer Zeit steinreich; das Stück handelt von sabotierenden Technikern, Popen, Banditen, Taschendieben und Prostituierten, die, allesamt umerzogen durch die gesunde Zwangsarbeit in Lagern inmitten der Wäldern im Norden, am Ende heiter und neu gekleidet durch eine idyllische Welt spazieren . . .

Währenddessen wandern junge, talentierte Dichter wie Pawel Wassiljew in den Kellern der GPU, sobald irgendjemand in einer Privatwohnung ihre Verse vorzutragen beginnt. Victor Serge berichtet:

»Die Atmosphäre verheerender und abstoßender Dummheit gewisser Schriftstellerversammlungen, die zu unterwürfigem Gehorsam verkommen sind, ist unbeschreiblich. Eines Tages lauschten wir in einem dunklen Raum im Herzen-Haus einem Bericht Awerbachs über den proletarischen Geist, der den Kolchos erfüllt; Lunatscharski, in trostloser Langeweile erstarrt, schickte mir kleine, ironische Zettelchen, äußerte aber nichts weiter als einige halboffizielle Sätze, jedoch intelligenter formuliert als die des Redners. Zwischen uns hatte sich der jüngst aus einem bayrischen Gefängnis entlassene Ernst Toller gesetzt. Wir übersetzten ihm die erstaunliche Rede bruchstückhaft, und seine großen schwarzen Augen und das kraftvolle und weiche Gesicht drückten eine Art Verwirrung aus. Sicher hatte er sich als revolutionärer Dichter in der Gefangenschaft die Literatur der Sowjets anders vorgestellt . . . Und ich erinnere mich an eine Sitzung unserer Schriftstellergewerkschaft in Leningrad, in der zwei junge Literaten, die übrigens kaum lesen und schreiben konnten, vorschlugen, Säuberungstrupps zu bilden, um bei Buchhändlern jene geschichtlichen Werke zu beschlagnahmen, die der Chef soeben mißbilligt hatte. Der Saal bewahrte betretenes Schweigen.«

Im März 1934 hält sich Tina mit Vidali in Paris auf, als Beauftragte eines Geheimbüros bei der Auslandszentrale der Roten Hilfe. Eines Nachts wird Vidali auf der Straße von Agenten des Deuxième Bureau festgenommen; während des Verhörs erklärt die französische Spionageabwehr, daß es keinen Zweifel an seiner Zugehörigkeit zum sowjetischen Geheimdienst gebe, man sich jedoch, um Spannungen mit Moskau zu vermeiden, mit einem Ausweisungsbefehl zufrieden geben werde. Vidali wird mitgeteilt, daß er in Zukunft französischen Boden nicht mehr betreten darf, auch nicht zur Durchreise.

Tina begibt sich währenddessen hastig ins Büro der Roten Hilfe und verbrennt alle Akten, die beide kompromittieren könnten; die Eile, mit der sie Beweise beseitigt, ohne daß ihre Anwesenheit draußen bemerkt werden soll, führt dazu, daß sie fast erstickt. Wegen der geschlossenen Fenster und Läden füllt sich das Zimmer rasch mit Rauch, und nur die Ankunft einiger Parteimitglieder, die wohl mit der gleichen Absicht gekommen sind, macht es ihr möglich, sich schon halb betäubt und kraftlos hinauszuschleppen. Beim Wiedersehen mit Vidali macht ihm Tina heftige Vorwürfe; der wütende Streit ist vermutlich mehr als eine bloße Reaktion auf die Todesgefahr, in die sie unsinnigerweise geraten war. Doch leider ist es nicht möglich, den Gründen und den eventuellen Taten, für die sie ihn verantwortlich hielt, soweit nachzuspüren, um eine angesichts ihrer sonstigen Apathie so heftige Reaktion deuten zu können.

Vidali wird nach Belgien ausgewiesen, und Tina folgt ihm, um mit ihm eine Reise zu unternehmen, die sie nach Bruyes, Gand, Ostende und Antwerpen führt. Als man ihm befiehlt, nach Moskau zurückzukehren, fährt Tina wieder nach Paris und hält sich dort weitere fünf Monate auf.

Nach Beendigung dieser letzten Aufgabe läßt sich Tina nur ungern wieder von ihrer Arbeit in Moskau aufsaugen. Ihre persönliche und politische Krise äußert sie in Schweigen und Melancholie. Als Vidali nach Spanien geschickt wird, tut sie alles, damit man ihr gestattet, ihm nachzufolgen. Es ist die einzige Möglichkeit, dem bevorstehenden Zusammenbruch zu entkommen. Im November 1935 erteilt man ihr die Genehmigung; da sie sicher ist, nicht in die Sowjetunion zurückzukehren, verabschiedet sie sich von den wenigen Freunden, die noch übrig sind. Vidali berichtet in einem seiner Bücher von ihrem gemeinsamen Abschiedsbesuch bei der Familie Kornatschuk.

Iwan Kornatschuk hatte als Mitglied der Garde an der Oktoberrevolution teilgenommen und war dann in die Rote Armee eingetreten, um den Krieg gegen die Weißen fortzusetzen. Nach der Niederlage der Heere von Wrangel und Denkin kümmert er sich um die *besprisorniki*, die vielen vagabundierenden Kinder, die der Bürgerkrieg zu Waisen gemacht oder dem Leben auf der Straße überlassen hat. Iwan, achtunddreißig, mager, groß und ein wenig gebeugt, mit sanftem Blick hinter den Brillengläsern, ist verheiratet mit Hawa, einer Lehrerin, die als sehr schöne, wenn auch vorzeitig gealterte Frau beschrieben wird. Die beiden Paare haben sich in der letzten Zeit häufig besucht, obgleich Kornatschuks Wohnung von der GPU überwacht wird. Die Kornatschuks sind 1927 als aktive Mitglieder der trotzkistischen Opposition aus der Partei ausgeschlossen und nach strenger Selbstkritik wieder aufgenommen worden, doch ihre »Treue« wird nach der neuerlichen »Verschärfung des Klassenkampfes« wieder in Zweifel gezogen. An jenem Abend im November 1935, als sie Tina und Vidali empfangen, gelingt es den Kornatschuks, die gewohnte Atmosphäre herzlicher Heiterkeit zu wahren. Der Abend vergeht mit Erinnerungen an den Oktoberaufstand und mit Gesprächen über die Lage in Frankreich, Deutschland und Italien; über die Sowjetunion jedoch fällt kein einziges Wort. Bevor sie sich verabschieden, bleibt Iwan mit Tina allein und erzählt ihr, daß sie in den letzten acht Jahren nach der Wiederaufnahme in die Partei ständig überwacht worden sind. Kornatschuk läßt dabei der ganzen Bitterkeit und Resignation über das bevorstehende Ende freien Lauf. Ihnen war zwar gestattet worden, angemessen zu arbeiten und zu leben, die nach Kirows Ermordung wiederaufgenommenen Säuberungen lassen ihm jedoch keine Hoffnung. Iwan ist wiederholt verhört und schließlich zusammen mit seiner Gefährtin wieder aus der Partei ausgeschlossen worden; danach wurden beide von ihrer Arbeit suspendiert. Im Moment wartet er nur noch auf seine Verhaftung; er fürchtet nicht mehr um sein eigenes Leben, aber die Angst über die Zukunft seiner Kinder quält ihn. Diese werden in der Regel nach der Verhaftung der Eltern vor der gesamten Schülerschaft »degradiert«: das rote Halstuch der Pioniere und der Mitgliedsausweis für den Komsomol wird ihnen weggenommen, denn als Kinder von »Volksfeinden« werden sie dessen für unwürdig gehalten. Iwan Kornatschuk, der sich jahrelang mit den *besprisorniki* befaßt hat, kann es nicht verwinden, daß nun seine eigenen Söhne in einer Sammelstelle für verlassene Kinder enden sollen.

Auf dem Rückweg ins Hotel öffnet Tina den ganzen Weg lang kein einziges Mal den Mund. An der Tür sagt sie nur ein paar Worte, das Resumée ihrer Erfahrungen in der Sowjetunion: »Ich bin froh fortzugehen.«

AIZ-Titelseite von 1931 mit dem Tina Modotti-Bild »Frau mit Fahne«

7

Durch Verflachung, Gleichförmigkeit und Ödnis entsteht in der zweiten Hälfte der dreißiger Jahre ein intellektuelles Vakuum; der italienische und russische Futurismus werden von der Muskelprotzerei des faschistischen und des sozialistischen Realismus erdrückt, das Bauhaus löst sich auf, und in einem Europa, das mittlerweile vom Wunsch nach absoluten Führern erfüllt ist, übertönen die militärische Fanfaren auch die Stimme der *lost generation*. Das Schweigen der Intellektuellen wird von politischen Veranstaltungen und riesigen Aufmärschen übertönt. Und Spanien, wo ungestüme Kreativität in bunter Vielfalt gärt, bietet sich als einzige Möglichkeit an, dem *nada, nada, pues nada* zu entkommen, das Hemingway mit vernichtender Bestürzung formuliert und das Orwell, Malraux, Dos Passos, Neruda und viele andere empfunden haben, die angeeilt kamen, um für die letzte Verteidigung der Utopien zu kämpfen. Als dieses Spanien zum Konfliktherd wird, in dem Parteifunktionäre und Volkskommissare den Ton angeben, zerbricht für viele die Sicherheit ihrer politischen Heimat in der »Linken«. Und keiner wird danach mehr sein wie zuvor: Ekel, Schweigen, Rückzug, Flucht in Orte weitab von der Menschenschlächterei bleiben der einzige Ausweg.

Einige geben ihre Ideale so schnell auf, wie sie ihnen zuvor gefolgt waren und denunzieren den »Gott, der keiner war«. Andere ziehen sich in bittere Alpträume zurück – die für Orwell in der *Animal Farm* und *1984* Gestalt annehmen –, isoliert in einem Niemandsland zwischen den westlichen Demokratien und dem sowjetischen Regime, mit dem sie sich nicht identifizieren können. Wer wie John Reed das Glück gehabt hatte, eine siegreiche Revolution zu erleben, mußte lediglich den Verlust bürgerlicher Privilegien akzeptieren; wer jedoch wie Tina nur an der Phase des Niedergangs teilhatte, dem blieb vielleicht nichts weiter, als beharrlich den eingeschlagenen Weg fortzusetzen, unter Befolgung des Gebots, Schweigen zu bewahren bis in den Tod.

»Die Niederlage ist eine furchtbare Krankheit. Sie dringt ein wie schleichendes Gift, setzt sich, verbreitet sich, und besudelt und zerfrißt schließlich auch noch den gesündesten Organismus. Ich habe mich stets gegen dieses schreckliche Gift gewehrt. Vielleicht, weil das Gefühl der Niederlage mich nie hat ergreifen können.« Dies ist eine der selten Äußerungen Vidalis, die nicht zu widerlegen ist; er gehörte zu den wenigen, die aus dem schmutzigen Krieg in Spanien als Sieger hervorgingen, denn er hatte die ihm von Stalin und Togliatti anvertrauten Missionen energisch und erfindungsreich durchgeführt. Vidali hat das seine getan, die Gefahr des »Abweichlertums« in einem Land abzuwenden, das für die revolutionären Alternativen in der ganzen Welt von allerhöchstem Interesse war. Sein Gott war nicht ins Wanken geraten.

An dieser Stelle ist es notwendig, kurz die Lage in Spanien 1936 zu skizzieren und einen historischen Irrtum zu klären versuchen, der auch nach der Entstalinisierung noch aufrechterhalten wurde. Ist vom Bürgerkrieg und vom Putsch Francos die Rede, wird auch heute noch das Bild eines von den europäischen Demokratien in Stich gelassenen und nur von der Sowjetunion unterstützten Spaniens entworfen, das dem Ansturm der direkten Intervention Italiens und Deutschlands nicht standhalten konnte. Im ersten Fall müßte man in Wirklichkeit statt von »in Stich gelassen« eher von rückhaltloser Unterstützung des rebellierenden Militärs sprechen; Churchill gewährte Franco für die Dauer des Konflikts Wirtschaftshilfe, und Frankreich behinderte die Durchreise der Freiwilligen und den Transport von Waffen, die die Republik gekauft hatte. Was Stalin anbelangt, so tat er genau das Gegenteil dessen, was uns die

Unredlichkeit seiner Erben bislang hat glauben lassen. Er gewährte zwar militärische Unterstützung, aber nur um eine mögliche Revolution in Spanien abzuwenden; innerhalb seiner Logik ist das leicht zu erklären. Die spanischen Massen hatten sich schon seit Jahren unabhängig von der winzigen kommunistischen Partei organisiert und sich an libertären, in der spezifisch spanischen Ablehnung der Kirche und des Staates verwurzelten Alternativen orientiert, die Bezug hatten zu einer Realität, die völlig anders war als die sowjetische. Die Gewerkschaft mit der größten Gefolgschaft war die anarchistische *Confederación Nacional del Trabajo* (CNT), während die *Federación Anarquista Iberica* (FAI) über zwei Millionen Mitglieder zählte und ganz Katalonien kontrollierte, wo sich die bedeutendsten Industrien und ein aktives, zur Übernahme der Textil- und Maschinenfabriken bereites Proletariat befanden. Auf dem Lande hatten sich die Kommunen schon jahrelang bewährt, indem Großgrundbesitzer enteignet und die Agrarproduktion auf Versammlungen organisiert worden waren. Auch der größte Teil der spanischen Marxisten identifizierte sich nicht mit Moskaus Direktiven und hatte den *Partido Obrero de Unidad Marxista* (POUM) ins Leben gerufen, der zwar nicht direkt trotzkistisch, aber eindeutig antistalinistisch war.

Bei Ausbruch der Feindseligkeiten bot sich für Stalin die Möglichkeit, massiv in eine Situation einzugreifen, die mehr als alles andere der These von der »Revolution in einem Lande« schadete. Die eiserne Kontrolle über die Internationalen Brigaden seitens der Politkommissare sollte binnen kurzem in brutale Liquidierungen und standrechtliche Erschießungen der Dissidenten ausarten, mit voller Rückendeckung der republikanischen Regierung, deren Bemühungen sich mehr auf die Entwaffnung der Volksmilizen als auf die Bekämpfung der aufständischen Offiziere konzentrierten. »Zuerst der Krieg, dann die Revolution« lautete der demagogische Slogan, mit dem die Basis der UGT, der sozialkommunistisch inspirierten Gewerkschaft, erobert werden sollte; in der Praxis jedoch lieferte Stalin das spärliche Kriegsmaterial nur, um den Aktionen seiner Agenten Legitimation zu verschaffen. Deren unverzichtbare Aufgabe bestand darin, das Ansehen der Sowjetunion als einzigem Bezugspunkt für alle kommunistische Parteien in der ganzen Welt zu konsolidieren und zu verhindern, daß sich die trotzkistische Theorie von der permanenten Revolution durchsetzte. Die spanische Revolution, die ja bereits in Gang war und im offenen Gegensatz zu Moskau stand, gefährdete dieses Ziel.

Vittorio Vidali besaß den Rang eines Politkommissars des Fünften Regiments, der militärischen Truppe, der die Aufgabe anvertraut war, die Zielsetzungen Stalins für das republikanische Heer von innen her durchzusetzen. Vidali war ein Mann der Tat, er packte schnell zu, war mutig und »kreativ« beim taktischen Einsatz, eine Gestalt, die zweifellos mit großem Charisma und einer instinktiven Attraktion ausgestattet war. Ungestüm und stets zu unkonformistischem Auftreten neigend, war er mit noch nicht vierzig Jahren bereits eine kleine Legende. Aber er besaß weder das politische Format noch den strategischen Weitblick, um komplizierte Pläne ohne spektakuläre Interventionen durchzuführen, ein Umstand, der die Führung oft dazu zwang, ihn bei der Arbeit zu zügeln. Deshalb war er dem allerhöchsten stalinistischen Befehlhaber, das war Palmiro Togliatti, zur rigiden Durchführung der Befehle verpflichtet; Togliatti, der später, im Bewußtsein seiner Verantwortlichkeit und der Vorwürfe, auf die er hätte antworten müssen, sogar soweit ging, seine Präsenz in Spanien überhaupt zu leugnen. Das Amt als Prokonsul, das er von Juli 1937 bis zu den letzten Tagen der Republik innehatte, räumte er ein, doch gelang es ihm, die zahlreichen Verbrechen, die ihm direkt unterstehende stalinistische Agenten verübt hatten, aus dem Gedächtnis der Öffentlichkeit zu tilgen. Aber nicht aus der Erinnerung der wenigen Überlebenden, die jedoch aus der unsicheren Position von Exilanten und Ketzern zugleich sprachen und an ein Europa appellierten, das sich im Krieg befand und in Stalin die einzige Hoffnung zur Überwältigung der deutschen Wehrmacht erblickte. Viele dieser Stimmen wurden zudem durch die Präzisionsarbeit eines Netzes von ebenso geschickten wie erbarmungslosen Mördern zum Schweigen gebracht, und nicht nur in Spanien. Und man sollte sich in Erinnerung rufen, wie wenig der zertrümmerte Schädel eines alten exilierten Bolschewiken eine Welt aufzurütteln vermochte, die sich im totalen Krieg befand. So registrierte man binnen kurzer Zeit eine unglaubliche Zahl merkwürdiger Unfälle, von spurlos Verschwundenen und Selbstmorden; und viele Herzanfälle.

Vidali kehrt 1935 nach Moskau zurück. Nach ein paar Wochen teilt man ihm seine Entsendung nach Spanien mit. Tina scheint über das Wiedersehen mit ihm prinzipiell glücklich zu sein, aber die Distanz zwischen beiden schwindet offenbar nicht mehr. Ihre Verbindung ist inzwischen politischer Natur, für Gefühle bleibt wenig Raum; auf jeden Fall möchte sie nicht die Gelegenheit versäumen, Moskau zu verlassen, und bittet deshalb um die Genehmigung, Vidali bei seiner Mission begleiten zu dürfen. Sie erhält sie, obgleich sie im Moment bei der Arbeit und bei ihren Kontakten sorgfältig überwacht wird, denn infolge nicht genau identifizierter »Gerüchte aus dem Ausland« wird sie trotzkistischer Sympathien verdächtigt. Vidali und Tina treffen sich in Paris. Tina gesteht, in der letzten Zeit habe sie sich wie eine »Sonderüberwachte« gefühlt und unter zunehmenden Schwierigkeiten nur wenige und nebensächliche Aufgaben verrichtet. Sie spricht über ihre Erfahrung in der Sowjetunion wie von einer Zeit, die definitiv abgeschlossen ist. Bei der Verlegung in die französische Hauptstadt nimmt sie auch ihre wenigen persönlichen Habseligkeiten mit, nur das nicht, was ihr am liebsten war: »Das einzige, was ich in Moskau gelassen habe, sind meine Photos und der Photoapparat.«

Vidali kommt am 17. Juli 1936 in Madrid an, am Vorabend des Aufstands frankistischer Legionäre und marokkanischer Truppen. Am achtzehnten holt er die Delegierten der Roten Hilfe zusammen und teilt ihnen die Direktiven mit; danach quartiert er sich in der Kaserne in der Calle Franco Rodriguez ein, wo er das Fünfte Regiment zusammenstellt. Tina kommt am 19. Juli an und wird, zur Unterstützung des kanadischen Arztes Norman Bethune, ins Arbeiterhospital geschickt; gleichzeitig beruft man sie auch zum Frauenbataillon des Fünften Regiments ein, weshalb sie einen militärischen Ausbildungskurs absolviert und den Umgang mit leichten Waffen und Handgranaten lernt. Bei der Wahl eines Decknamens entscheidet sie sich für *Maria*, in Erinnerung an den mexikanischen Brauch, Bettler und Findelkinder so zu nennen. *Maria* kümmert sich darum, daß Feldlazarette eingerichtet und die Verletzten gepflegt werden, und zudem befaßt sie sich mit der Propagandaarbeit in der Etappe, der Verteilung geschriebenen Materials und Beiträgen auf

Treffen und Versammlungen – Aktivitäten, die sie nicht direkt in die Machenschaften stalinistischer Agenten hineinziehen, mit denen sie zu tun hat und zusammenlebt, an erster Stelle Vidali alias *Carlos Contreras*; ihre Genossen erleben sie jedoch als schweigsame Zuschauerin, die Zweifel und Unsicherheit nur in seltenen, vertraulichen Momenten äußert.

Binnen kurzer Zeit erfüllt das Fünfte Regiment den militärisch-politischen Auftrag, das republikanische Heer von innen heraus zu kontrollieren; durch strengste Ordnung und rigide Disziplin erweitert sich der kommunistische Kern der Volksmilizen so sehr, bis er Tausende von Männern umfaßt und schließlich die Größe einer in Brigaden und Kompanien unterteilten Division erreicht. Das reguläre Heer wird kurz vor Togliattis Ankunft gegründet, als Moskau Kontrolle über die republikanische Regierung erlangt hat.

In den ersten Kriegsmonaten wird das Vorrücken der frankistischen Divisionen noch fast ausschließlich von den Internationalen Brigaden und den anarchistischen Kolonnen verhindert, zu diesem Zeitpunkt der einzigen militärischen Kraft, die in den ersten Kriegsmonaten in der Lage ist, den Legionären des *tercio* entgegenzutreten. Die Präsenz ausländischer Freiwilliger geht auf die Volksolympiade in Barcelona zurück; an der Front in Aragonien formiert sich die englische Hundertschaft *Thomas Mann*, die österreichisch-deutsche *Thälmann*, und die italienischen Kolonnen *Rosselli* und *Ascaso*. In Irùn bilden die Franzosen, Polen und Italiener die Hundertschaften *Commune de Paris*, *Dombrowsky* und *Gastone Sozzi*, während die Ungarn die Gruppe *Rakosi* formieren. Die Amerikaner schließen sich in der Brigade *Lincoln* zusammen, die Kanadier im Regiment *Mackenzie-Papinau*. In vielen Formationen mischen sich jedoch Männer aus aller Herren Länder; der Hinweis auf das Bataillon *Dimitroff* mag genügen, wo zwölf Sprachen gesprochen werden. Tausende strömen aus den skandinavischen Ländern herbei, und weniger umfangreiche Kontingente kommen sogar aus Indien, China, Südafrika, Abessinien, Albanien, Mexiko und Algerien ...

Das republikanische Heer ist damit beschäftigt, die frankistischen Putschherde innerhalb der wichtigsten Kasernen unter Kontrolle zu halten, während die Kommunisten sich einzig mit der Unterwanderung der politischen und militärischen Kader befassen, hauptsächlich durch die Kontrolle der Tausenden von Freiwilligen, die aus allen Ecken der Welt herbeiströmen. Im November stehen die Frankisten bereits vor den Toren von Madrid, nach dem Vormarsch aus Talavera und Maqueda und dem Fall von Toledo. Die Regierung flieht überstürzt nach Valencia, was die Bewohner der Hauptstadt als Verrat begreifen. Die Kommunisten profitieren von dem Machtvakuum und ernennen ihren Vertreter Antonio Mije zum Verantwortlichen der Verteidigung, doch es ist das Volk von Madrid, das die Falange zurückschlägt, indem es auf den Mauern der Stadt Posten bezieht. Binnen weniger Tage eilen die Internationalen Brigaden von ruhigeren Frontabschnitten herbei; aus Aragonien kommt die Kolonne *Durruti*, die in der Universität Stellung bezieht. André Malraux stellt aus wenigen altersschwachen Flugzeugen die Jagdstaffel *Lafayette* zusammen, mit der er der deutschen *Legion Condor* und den italienischen Bombern *Savoia Marchetti* Widerstand leisten will; die Luftfahrt der Frankisten ist nahezu vollständig von Fiat und Caproni ausgerüstet, die damals als die modernsten Europas galten.

Die euphorische Stimmung der Verbrüderung in den ersten Tagen ist bereits den inneren Kämpfen und Spaltungen gewichen, die bald schon in blutige Fehden münden. Der erste Tote, der Argwohn erregt, ist Buenaventura Durruti, der populäre anarchistische Kommandant einer effizienten und selbstdisziplinierten Miliz. Er hat den Frankisten in Aragonien viele hunderttausend Kilometer Land abgerungen, ihn ruft man mit seinen fünftausend Mann zur Verteidigung Madrids. Am 19. November stürzt er bei einer Inspektion der Front in der Universität, während einer Waffenruhe, in einem nicht dem feindlichen Feuer ausgesetzten Frontabschnitt, getroffen nieder. In den folgenden Jahren werden Dutzende von unmittelbaren und mittelbaren Zeugen ihre jeweiligen Versionen davon geben, die fast alle in einem halbdokumentarischen Band von Hans Magnus Enzensberger nachzulesen sind. Vidali macht sich die Darstellung zu eigen, die für einen erfahrenen Kämpfer wie Durruti am unwahrscheinlichsten ist: Durruti habe sich selbst erschossen, als er aus einem Auto stieg und den Lauf des Maschinengewehrs dabei absurderweise auf seine Brust richtete, als halte er einen Spazierstock. Damals erweisen die Kommunisten dem antifrankistischen Kommandanten noch alle Ehren, nahmen doch an seiner Beerdigung Hunderttausende von Menschen teil. Es gibt zwei offizielle kommunistische Versionen: entweder er wurde von einer verirrten Kugel getötet oder von den Anarchisten selbst, von denen, die die militärische Disziplin verweigerten. Durrutis Männer beschuldigen die Kommunisten nicht offen, um blutige Tumulte zu vermeiden, aber sie verbreiten die Version, ein republikanischer Zivilgardist habe aus einem Fenster geschossen. Mit den Jahren ergeben sich noch weitere Hypothesen, und es finden sich weitere Zeugen, unter ihnen der französische Kommunist Auguste Lecoeur, der in aller Ruhe zugibt: »Wir haben ihn aus dem Weg geräumt.«

Das Rätsel bleibt ungelöst, aber in den auf Durrutis Tod folgenden Tagen begeben sich die angesehensten Persönlichkeiten des madrider Anarchismus aus Sicherheitsgründen nach Katalonien, der Hochburg der libertären Bewegung.

Im wechselhaften Verlauf des Bürgerkriegs, der durch die massiven Interventionen von außen, vor allem jedoch durch den Verschleiß, den die internen Machenschaften bewirken, zur langsamen Niederlage verurteilt ist, werden immer häufiger eigenartige Morde und unerklärliches Verschwinden registriert.

Eine beredte Zeugenaussage stammt von einem Offizier des Informationsdienstes des Hauptstabs der Roten Armee, Walter Kriwitzki, der nach der Flucht aus Moskau seine Memoiren schrieb und in ihnen die Methoden der GPU entlarvte. Er berichtet nicht nur, daß Stalin bereits am 30. Juni 1934 auf einer Versammlung des Politbüros, an der Kriwitzki selbst teilnahm, die Verhandlungen für ein Bündnis mit Hitler in Angriff genommen habe, auch die Abschnitte, die die Intervention in Spanien betreffen, sind überaus deutlich.

»Wir hatten in Europa eine bestimmte Anzahl geheimer Kontrollstützpunkte geschaffen, wo jeder freiwillige Aspirant einer neuerlichen, genauen Überprüfung durch uns ergebene und absolut vertrauenswürdige ausländische Kommunisten oder die Sekretäre und Agenten der von uns kontrollierten Organisationen wie die Internationale Rote Hilfe, die Freunde der Spanischen Republik etc., oder durch Funktionäre irgendeiner fest mit den Kommunisten verbundenen spanischen Institution unterzogen wurde. Wie Louis de Araquistain, ehemaliger Botschafter des republikanischen Spanien in Frankreich, nachgewiesen hat, besetzten treue Gefolgsmänner Stalins neunzig Prozent aller wichtigen Posten im Kriegsministerium. Die Freiwilligen, die für würdig gehalten wurden, ihr Leben dem zu opfern, was sie für die Sache der Republik hielten, wurden auch in Spanien weiter durch die GPU überwacht; dort lebten Informanten inmitten der Truppen, um eventuelle Spione aufdecken, Männer mit nicht strikt orthodoxen politischen Überzeugungen beseitigen und Lektüre und Gespräche der Freiwilligen überwachen zu können. Praktisch gehörten alle Politkommissare den Internationalen Brigaden und später auch der größte Teil der Politkommissare des republikanischen Heeres der Partei an. Den Freiwilligen wurden bei ihrer Ankunft in Spanien die Pässe entzogen und nur sehr selten zurückgegeben. Auch wenn ein Mann entlassen wurde, sagte man ihm, sein Paß sei verloren gegangen. Die Pässe der Gefallenen wurden, nachdem eine Zeitlang nach dem ursprünglichen Paßbesitzer geforscht wurde, ohne großen Aufwand für neue Personen verändert, die nichts anderes waren als Agenten der GPU.«

Es ist klar, daß einige dieser Beschreibungen exakt auf Vidalis Person zutreffen; aber auch auf *Maria*, wenngleich bei ihr die vage Entschuldigung ihrer Passivität und anhaltender Skrupel angeführt werden können. Tatsächlich reiste Vidali mit einem solchen Paß in die Vereinigten Staaten ein, wie im übrigen auch der von Stalin zur Ermordung Trotzkis nach Mexiko gesandte Mörder.

Tina Modotti: Marionetten

8

Die blutigen Ereignisse vom 5. und 6. Mai 1937 in Barcelona sind von der kommunistischen Geschichtsschreibung stets als der Mai-Putsch bezeichnet worden, als angebliche Militärrevolte von Anarchisten und Trotzkisten gegen das republikanische Heer. In Wirklichkeit wurde dieser »Bürgerkrieg innerhalb des Bürgerkriegs«, bei dem auf beiden Seiten Hunderte von Kämpfern fielen, von stalinistischen Agenten bis ins Detail genau geplant, angeordnet und durchgeführt, um einen Vorwand zur Legitimierung der Repression zu erhalten. Die Hauptstadt Kataloniens war das uneinnehmbare Zentrum aller antiautoritären Ideologien in Waffen. Die anarchistischen Milizionäre hielten die Region fest in Händen, bei der sozialen und ökonomischen Organisierung der Stadt unterstützt von den Marxisten der POUM: Produktions- und Verteilungsprobleme der Millionenstadt Barcelona wurden durch Selbstorganisation gelöst. Um mit der kommunistischen Strategie »Zuerst der Krieg und dann die Revolution« einen Kompromiß zu finden und gegen das Vorrücken der Frankisten gemeinsam Front zu machen, beteiligten sich darüber hinaus zum ersten Mal in der Geschichte drei Anarchisten an einer Regierung, von denen einer sogar das neuralgische Amt des Verteidigungsministers innehatte. Die Konsolidierung der FAI/CNT verdankte sich außer der Kollektivierung von Fabriken und Landbesitz der raschen bewaffneten Reaktion gegen die putschistische Erhebung vom 19. Juli, als ausgewählte Truppen unter dem Kommando von Generälen, die zu den besten des spanischen Heeres zählten, von den von Arbeitern und der Bevölkerung Barcelonas gebildeten Truppen besiegt wurden.

In weniger als einem Jahr hatte sich die Lage zunehmend verschlechtert, infolge der wechselseitigen Attentate unter Kommunisten und Anarchisten in einer Fehde »Schlag gegen Schlag«, deren Ursprung mittlerweile nicht mehr festgemacht werden kann. Für ein an der Haustür niedergemetzeltes Mitglied der CNT wurde wenig später der Leichnam eines UGT-Führers auf der Straße gefunden, Geschehnisse, die von einem Wirrwarr von Anschuldigungen begleitet wurden, in denen man den Einfluß der Fünften Kolonne der Frankisten zu bemerken glaubte. Tatsächlich aber war es das Netz stalinistischer Agenten, das diesen Bruderkrieg innerhalb der Truppen steuerte; das bestätigen heute sogar Frankisten, die nach Ende des Krieges zugaben, daß sie in Barcelona nur auf wenige Männer ohne Direktiven oder genaue Pläne zählen konnten. Und in der *Prawda* vom 17. Dezember 1936 stand bereits zu lesen: »In Katalonien hat die Säuberung trotzkistischer, syndikalistischer und anarchistischer Elemente begonnen und wird mit der gleichen Energie, mit der sie in der Sowjetunion durchgeführt wurde, zu Ende gebracht werden.«

Die gegen die Anarchisten vorgebrachten Vorwürfe bestanden vor allem darin, sie hätten durch die Überwachung der ankommenden Freiwilligen die Grenze kontrolliert, eine Maßnahme, die im Licht der oben zitierten Aussagen wohl mehr als gerechtfertigt war. Die Behauptung, die Telephonzentrale mische sich in die Verbindungen des Präsidenten ein, lieferte den Vorwand für militärisches Eingreifen. Im Telephonamt sowie im größten Teil der Dienstleistungsstellen Barcelonas arbeiteten nämlich Angestellte und Arbeiter, die der FAI/CNT angehörten. George Orwell war unmittelbarer Zeuge der Ereignisse und hat sie in *Mein Katalonien* beschrieben.

»Am 3. Mai gegen Mittag sagte ein Freund, der durch die Hotelhalle ging, beiläufig: ›Am Telefonamt hat es einige Unruhen gegeben, wie ich höre.‹ Aus irgendeinem Grund schenkte ich ihm damals keine Beachtung. Als ich am gleichen Nachmittag zwischen drei und vier Uhr etwa in der Mitte der Rambla war, hörte ich einige Gewehrschüsse. Ich drehte mich um und sah, wie einige Burschen mit Gewehren in den Händen und den rot-schwarzen Taschentüchern der Anarchisten um den Hals, die eine Seitenstraße entlangschlichen, welche von der Rambla nach Norden abzweigt. (...) In diesem Augenblick lief ein amerikanischer Arzt, der mit mir an der Front gewesen war, auf mich zu und packte mich am Arm. (...) ›Was zum Teufel ist passiert?‹ fragte ich. Der Arzt zog mich weiter am Arm. Er war zu aufgeregt, um mir eine genaue Erklärung geben zu können. Anscheinend war er auf der Plaza de Cataluña gewesen, als einige Lastwagen voller bewaffneter Zivilgardisten vor dem Telephonamt auffuhren, in dem hauptsächlich Mitglieder der CNT beschäftigt waren, und es überraschend angriffen. Danach waren einige Anarchisten eingetroffen, und es kam zu einem allgemeinen Handgemenge. Ich schloß daraus, daß die ›Schwierigkeiten‹ früh am Morgen darin bestanden hatten, daß die Regierung verlangt hatte, ihr das Telephonamt zu übergeben, was natürlich verweigert wurde. Als wir die Straße hinuntergingen, raste ein Lastwagen aus der entgegengesetzten Richtung an uns vorbei. Er war voll Anarchisten, die Gewehre in ihren Händen hielten. Vorne lag ein zerlumpter Junge hinter einem Maschinengewehr bäuchlings auf einem Matratzenhaufen. (...) Niemand schien genau zu wissen, was eigentlich los war. Ich konnte nur erfahren, daß die Zivilgarde das Telephonamt angegriffen und verschiedene strategische Punkte besetzt hatte, die in den Händen der Arbeiter waren. Man hatte den allgemeinen Eindruck, daß die Guardia es generell auf die CNT und die Arbeiterklasse ›abgesehen‹ hatte. (...) Sobald ich hörte, wie die Dinge standen, fühlte ich mich erleichtert. Die Situation war ziemlich klar. Auf der einen Seite die CNT, auf der anderen Seite die Polizei. Ich mache mir nichts besonderes aus dem idealisierten ›Arbeiter‹, wie er sich in den Gedanken des bürgerlichen Kommunismus spiegelt. Wenn ich aber einen lebendigen Arbeiter aus Fleisch und Blut im Kampf mit seinem natürlichen Feind, dem Polizisten sehe, brauche ich mich nicht zu fragen, auf wessen Seite ich stehe.«

Die Entsendung der von Orwell als »natürlicher Feind« bezeichneten *guardia civil*, deren antifaschistische Überzeugung in Zweifel steht, mußte weitere Zwischenfälle auslösen. Nachdem die Lunte gelegt war, blieb nur noch zu verhindern, daß die Truppen von der Front her eingriffen; die Bataillone der 46. Division (Anarchisten) und der 29. Division (POUM), die auf Barcelona zustrebten, wurden durch die Behauptung beruhigt, es habe sich nur um eine Polizeiprovokation gehandelt, weshalb sie beschlossen, den Marsch anzuhalten und zur Front zurückzukehren. An diesem Punkt entsandte die Regierung fünftausend *guardias de asalto*, eine Art Polizei mit festem kommunistischen Credo, die nach harten Kämpfen die strategischen Punkte der Stadt besetzten. Die offiziellen Zahlen sprachen von vierhundert Toten und etwa tausend Verwundeten. Die Jagd auf die Ketzer begann. Hauptziel war die POUM, die, da sie nicht auf eine breite Volksbasis rechnen konnte wie die FAI/CNT, sogar des Verrats an der Sache der Republik beschuldigt wurde. Führer und Militante wurden aufgespürt, verhaftet und vor Gericht gestellt.

Am eklatantesten war der Fall von Andrés Nin, dem Theoretiker des antiautoritären Marxismus; die Durchführung seiner Eliminierung rechtfertigt eine Abschweifung zu den »Ereignissen von Barcelona«. Als schwer zu widerlegende Quelle soll eine Passage aus den Memoiren (*Yo fui un ministro de Stalin*) des kommunistischen Ministers der republikanischen Regierung, Jesús Hernández dienen.

»Andrés Nin, ein Freund von Lenin, Kamenew, Sinowjew und Trotzki, wurde in Spanien ermordet, wie seine Genossen aus der alten bolschewistischen Garde in Rußland. Hier die Geschichte dieses Verbrechens.
Orlow und seine Bande setzten Nin fest, um ihm das Geständnis zu entreißen, er sei ein Spion in Francos Diensten. Seine Folterer, Experten in der Kunst, politische Gefangene zu brechen, um von ihnen ›spontane‹ Geständnisse zu erhalten, glaubten, die schwache Gesundheits Nins würde ihnen bei ihrer infamen Aufgabe behilflich sein. Die Tortur von Nin begann mit der ›trockenen‹ Methode. Eine zehn, zwanzig, dreißig Stunden lang dauernde unerbittliche Quälerei, während derer die Peiniger abwechselnd die immer gleichen Forderungen wiederholten: ›Gestehe, erkläre, gib zu . . . ‹ Eine wissenschaftliche Methode, die allmählich die geistige Energie eines Individuums zerstört, es demoralisiert. Nach und nach wird es durch die physische Müdigkeit entkräftet, der Schlafmangel schwächt seine Fähigkeiten, sein Wille wird zersetzt. Man

läßt die Person stundenlang stehen und gestattet ihr nicht, sich zu setzen, bis sie taumelt und von unerträglichen Nierenschmerzen gepeinigt wird. Ist dieser Punkt von Müdigkeit erreicht, wird der Körper entsetzlich schwer, und die Halswirbel tragen den Kopf nicht mehr. Die ganze Wirbelsäule wird gefühllos, als zerbreche sie in Stücke. Die Füße schwellen an, und eine tödliche Müdigkeit bemächtigt sich des erschöpften Organismus, der nur noch nach einem verlangt: die Augen schließen zu dürfen und zu vergessen, daß man selbst und die Welt existieren. Wenn ein Fortfahren des Verhörs unmöglich ist, kommt der Gefangene in die Zelle. Dort läßt man ihn ein paar Minuten lang in Ruhe liegen, solange, wie er braucht, um sich wieder etwas zu fangen, um dann damit fortzufahren, ihn von der Unerträglichkeit einer Verlängerung der Folter, der stets gleichen Fragen und dem Desinteresse an anderen Antworten zu überzeugen, solange bis diese zu Geständnissen werden. (...)

Aber Nin kapitulierte nicht. Er leistete Widerstand. Seine Folterer verloren die Geduld, beschlossen die ›trockene‹ Methode aufzugeben und zum ›Härtetest‹ überzugehen: abgerissene Haut, zerquetschte Muskeln, bis an die Grenze der menschlichen Widerstandskraft getriebenes physisches Leiden. (...)

In Nin erlosch das Leben. Im gesamten loyalen Spanien und in der ganzen Welt verstärkte sich die Kampagne zu seiner Befreiung, die Suche nach der Wahrheit. Die Situation konnte nicht ewig verschleppt werden. Hätte man ihn lebend freigelassen, wäre ein doppelter Skandal losgebrochen. Die Welt hätte einen Beweis seiner furchtbaren Folterungen erhalten, und er hätte Stalins infames Spiel in Spanien offenlegen können. Seine Folterer beschlossen, mit ihm Schluß zu machen und berieten sich über das Wie. Sollte man ihn eliminieren und begraben? Ihn verbrennen? Sie konnten ihn töten, sich jedoch nicht der Verantwortlichkeit für das Verbrechen entziehen, da bereits bekannt war, daß Nin von der GPU entführt worden war. Es mußte ein Weg gefunden werden, der die GPU von der Last dieses Todes lossprach und zugleich bewies, daß Nin des Einverständnisses mit dem Feind schuldig war.

Die Lösung erdachte sich der teuflischste unter Orlows Mitarbeitern, der *Commandante Carlos*, Vittorio Vidali, wie man in in Italien nannte, oder Carlos J. Contreras, wie er in Mexiko und Spanien hieß. Sein Plan war

folgender: eine Entführung durch angebliche Gestapoagenten, getarnt als Freiwillige der Internationalen Brigaden, ein Überfall auf das Gefängnis von Alcalá und ein neuerliches, endgültiges ›Verschwinden‹ Nins. Das Gerücht, Nazis hätten ihn ›befreit‹, sollte in Umlauf gebracht werden, was zugleich seine Kontakte mit dem nationalen und internationalen Faschismus bewies. In der Zwischenzeit würde man seinen Körper tatsächlich verschwinden lassen, indem man ihn ins Meer warf. Ein etwas grober Trick, aber es gab keinen anderen Ausweg.
Eines Tages also fand man die Männer, die den Häftling in der Strafanstalt von Alcalá de Henares bewachten, gefesselt und geknebelt vor, zwei Kommunisten, die den Mitgliedsausweis der Sozialistischen Partei besaßen. Sie erklärten, daß eine Gruppe von mindestens zehn deutschsprechenden Soldaten der Internationalen Brigaden das Gebäude überfallen, sie überwältigt, danach die Zelle mit dem Gefangenen geöffnet und ihn dann in einem Auto fortgebracht hatten. Um dieser obskuren Inszenierung einen größeren Anschein von Glaubwürdigkeit zu verleihen, hatte man in die Zelle Nins eine Tasche geworfen, die Dokumente enthielt, mit denen seine Beziehungen zum deutschen Geheimdienst bewiesen werden sollte. Damit wirklich nichts fehlte, hatte man sogar dafür gesorgt, ein paar Briefmarken in die Tasche zu tun.«

Am 25. Juni veröffentlicht das Organ der spanischen KP, *Mundo Obrero*, einen Artikel mit dem Titel: »Die Flucht des Banditen Nin«; darin wurde vertreten, daß Falangisten die Urheber des Überfalls auf das Gefängnis Alcalá de Henares waren, und Nin angeblich unter Francos Schutz in Burgos weile.

Mit der Version von Hernández stimmt die eines anderen Mitglieds der spanischen KP überein, des später ausgeschlossenen Autors zweier Bücher über den Stalinismus, Enrique Castro Delgado, der noch blutigere Einzelheiten über die Talente des Agenten Vidali berichtet. Es bleiben wenig Zweifel über dessen Rolle in Spanien und in allen anderen Ländern, in denen er seine Missionen zu Ende führte. *Marias* Verantwortlichkeiten für diese Verbrechen sind weniger deutlich; sie pflegte mit großem persönlichen Einsatz die Verwundeten, verteilte Flugblätter und wurde bekannt durch Beiträge auf Veranstaltungen mit Hemingway, Malraux, Ehrenburg, Capa und Seymour... Und doch lebte sie an Vidalis Seite, und es ist kaum vorstellbar, daß sie nicht zur Kenntnis nahm, was ihr Gefährte Tag für Tag in den Truppen an der Front anrichtete. Die wenigen Zeugenaussagen schildern uns eine müde, verschlossene Frau, die von »kollektivem Wahnsinn« spricht und Erstaunen darüber äußert, daß sie inmitten all der Greuel gleichgültig bleiben kann. Offenbar hatte sie bereits eine Art von Unempfindlichkeit erreicht; in Almeria beispielsweise soll sie keine Miene verzogen haben, als vor ihren Augen ein Jagdflugzeug im Hafen Passanten und Schiffe unter Beschuß nahm.

Tina Modotti: Frau in schwarz

9

Wie erblindete gefangene Nachtigallen
wie zitternd zurückgehaltene Flügel
oder geknechtete Gesänge
steigt bitter
bis zum strengen Licht der Augen
und dem zerrissenen Schwung
des Mundes
das fiebrige Klopfen des Blutes
versteinert nunmehr, und unwiderruflich:
No pasarán

Von allen Gestaden des Planeten,
in allen Sprachen der Menschen,
fordert ein straffer Gürtel des Willens
von euch
daß sie nicht siegen.
In allen Städten,
schreien die Menschen
zornig und verletzlich
und weinen für euch:
No pasarán

Haltet den Tod
an jenen düsteren, blutigen Mauern,
setzt andere Mauern dagegen,
erobert das festgehaltene Leben zurück
das Fließen der stillgelegten Flüsse
das Wachsen der Gefangenenlager
entreißt Spanien dem Tod:
No pasarán (. . .)

Octavio Paz

Paseo de la Reforma, die baumbestandene, zwölfspurige Allee, die nach dem Willen von Pofirio Diaz im Herzen von Mexico-City entstanden ist. Jugendstilpaläste und Wolkenkratzer aus schwarzem Kristall, vom Bereich der tausend italienischen und französischen Boutiquen bis hin zu den mit Botschaften und Politikervillen bestandenen Hügeln. Das Haus von Octavio Paz liegt ein paar Schritte entfernt vom Angel, einer Statue aus Gold, die halb an den Obelisken auf der Place de la Bastille und halb an die Säule auf dem Trafalgar Square erinnert. Ich habe ein paar Tage gebraucht, bis ich sicher genug war, um ihn anzurufen, davon überzeugt, daß ein Nobelpreiskandidat in Literatur nur auf verschlungenen Pfaden erreichbar wäre. Am Telephon antwortet Octavio Paz jedoch selbst und sucht dann in seinem Kalender sofort nach einem seiner spärlichen freien Termine. Bei einem Treffen mit ihm könnte ich wenigstens herausfinden, was ihn dazu bewegt hat, den Artikel in *Vuelta* zu schreiben, der unter den mexikanischen Linksintellektuellen soviel Empörung ausgelöst hat. Der Artikel zeigt seine ganz subjektive Sicht der Persönlichkeiten Frida Kahlos und Tina Modottis, ein in ruhigem Ton gehaltener Beitrag, der mit gewissen stalinistischen Mythen aufräumen wollte. Der abgedroschene Vorwurf, er sei ein »ahnungsloses Werkzeug der Reaktion«, war noch das mindeste, was er zu hören bekam. Ich habe Paz erklärt, daß in meinem Buch nur Fragen, keine Gewißheiten zu finden seien, vielleicht hat ihn das bewogen, zwischen seinen vielen Verpflichtungen einen kurzen Termin für mich freizumachen: »Aber nur zwanzig Minuten, länger geht es wirklich nicht.«

Eine Wohnung im zweiten Stock eines großen Gebäudes, in dem wie in allen anderen an der Reforma auch glänzende Banken und Luftfahrtgesellschaften untergebracht sind. Im Fahrstuhl muß ich lächeln: *Sabiem, made in Bologna* . . .

Der Empfang ist freundlich und unformell. Das Wohnungsinnere entpuppt sich als überraschendes, weitläufiges Labyrinth; der Weg in sein Arbeitszimmer führt durch einen Garten. Ich fühle mich wie in einer der abgelegenen Villen in den Hügeln im Süden der Stadt, und nicht in ihrem hektischen Zentrum. Wir versinken in einem Sofa; im Hintergrund ein Schreibtisch, groß wie ein Flugzeugträger, an den Wänden Reiseerinnerungen aus aller Herren Länder.

Paz ist soeben aus Valencia zurückgekehrt, wo eine Neuauflage des einst berühmten Kongresses »antifrankistischer« Intellektueller stattgefunden hat. Paz gehörte auch damals zu den Kongreßteilnehmern, und über die Distanz von vierzig Jahren wirkten die heutigen Themen im Vergleich zur hitziger Leidenschaft jener Tage auf ihn glanzlos und beliebig.

»In Spanien habe ich Zeitschriften im Dialekt entdeckt; Das kommt mir manchmal etwas übertrieben vor, wenn ich auch nicht bezweifele, daß das Katalanische oder Baskische eigene Sprachen sind. Doch der Sturm auf diesen ›Indepentismus‹ hat auch Regionen erfaßt, wo es mir schwerfällt, Kulturen zu erkennen, die anders wären als die kastilische.« Nachdem er der Meinung ist, sich genügend über den Unterschied zwischen dem Italien, das ich ihm präsentierte, und dem, an das er sich erinnert, informiert zu haben, kommt die Sprache schließlich auf den Kongreß von 1937.

»Natürlich war ich bei der Linken aktiv, aber ich wollte mich nicht definitiv festlegen, es war mehr instinktiv, und obgleich ich in engem Kontakt zu den Aktiven der kommunistischen Partei Mexikos stand, konnte ich mich nicht zu einen Beitritt entscheiden. Das war aber kein bewußter Akt; ich empfand eine Art Mißtrauen, das damals noch nicht genau motiviert war, auch wenn meine Freunde Funktionäre und Führer der Partei waren . . . «

Das Gedicht *No Pasarán* wurde zum Banner der antifrankistischen Intellektuellen; als er es schrieb, zählte Octavio Paz kaum mehr als zwanzig Jahre.

»Nach Spanien kam ich aus denselben Gründen, die viele junge Leute damals veranlaßten, sich in die Schlacht zu stürzen, ohne groß zu fragen, welche Intrigen und internationalen Interessen dabei im Spiel waren. Ich war in Spanien, als Nin verschwand, und ich kann eine Episode berichten, die mit Ihrer Arbeit zu tun hat, mehr kann ich nicht tun, glaube ich. Meine damalige Frau Elena Garro und ich verkehrten in Valencia in einem Café, das Treffpunkt von Antifrankisten jeglicher Couleur war. Wir waren sehr eng mit einer jungen Frau befreundet, die auch als Übersetzerin arbeitete, ich glaube, sie hieß Ana Maria Baron. Als wegen Nins Verschwinden eine internationale Untersuchungskommission gebildet wurde, hieß sie die europäischen Delegierten in Valencia willkommen. Von ihr hörte ich erstmals von Gerüchten über die Verantwortlichkeit der Kommunistischen Partei und der GPU, und zuerst konnte ich es nicht glauben, was für mein Verhalten damals typisch war. Ich konnte nicht akzeptieren, daß dieselben Ideale, die mich nach Spanien geführt hatten, so entsetzliche Verbrechen hervorbringen konnten... Wir verkehrten weiterhin in dem Café, bis sich eines Tages ein Mann unserem Tisch näherte, der sich als Agent der Ermittlungsdienstes auswies. Er bat meine Frau, ihn ins Büro der Internationalen Roten Hilfe zu begleiten, und er sagte, eine mexikanische Freundin von ihm wolle sie sprechen. So traf Elena mit Tina Modotti zusammen, die zu dieser Zeit über ein eigenes Büro zu verfügen schien. ›Wir wissen, daß Du und Dein Mann Bekanntschaften pflegen, die sich als sehr gefährlich erweisen könnten‹, sagte sie zu ihr. Elena begriff nicht, und die Modotti erklärte ihr, daß dieses Café ein Treffpunkt anarchistischer und trotzkistischer Elemente sei, von Verrätern der Revolution und Feinden des Volkes und so weiter in diesem Tenor. Sie schloß, indem sie Elena darauf aufmerksam machte, daß es für uns schwerwiegende Folgen haben könnte, wenn wir uns weiterhin mit solchen Leuten träfen. Von diesem Tag begann ich mir all die Fragen zu stellen, die mich später endgültig von der kommunistischen Partei Mexikos wegführen sollten.«

Sein Artikel in *Vuelta* trug den Titel: »Tina stalinísima ...«

»Der Titel sollte provozieren, ich habe versucht, Themen aufzugreifen, die allmählich zu Heldenepen erstarrt sind und aus jener Zeit rühren, als der Mythos vom Helden so groß war wie sonst nie mehr in diesem Jahrhundert ... Das Resultat übertraf alle meine Befürchtungen, wenn man sich vergegenwärtigt, daß mich bestimmte Leute jetzt nicht mehr grüßen. Auf die vielen Vorwürfe, die auf mich niederprasselten, habe ich nie geantwortet. Ich möchte jedoch eins klarstellen: ich glaube absolut nicht, daß Tina Modotti eine GPU-Agentin oder für die Verbrechen verantwortlich war, die ihre Parteigenossen begangen haben. Ich sehe sie eher als ein Opfer der damaligen Umstände, als ein Opfer von Vidali, mit dem sie diese Zeit teilte, und auch als eine Frau, die Tragödien und Verfolgungen erlebt hatte, die sie schwächten und dazu führten, daß sie sich notgedrungen an dem einzigen Ideal festzuklammerte, das ihr die Kraft zu geben vermochte, die Kraft, die man in ihr zu spüren glaubte.«

Und dann, mit ironischem Lächeln: »Außerdem bin ich Schönheit gegenüber so empfänglich, daß ich eine Frau wie Tina Modotti nicht im Gewand des Henkers sehen kann ... Und trotz des Bildes, das sie von sich geschaffen hat, bin ich davon überzeugt, daß sie ihren Lieben im Grunde doch treuer war als der Partei.«

Ich frage ihn, ob sie nach ihrer Rückkehr nach Mexiko völlig mit ihren einstigen Freunde gebrochen habe?

»Nein, sie hatte nicht nur weiter mit Diego Rivera Kontakt, der allerdings wegen seiner trotzkistischen Positionen ausgeschlossen worden war, sondern auch mit den stalinistischen Führern der KPM. Nach dem ersten Attentat auf Trotzki spitzte sich die Situation in der Linken zu. Ich stand Trotzkis Theorien überhaupt nicht nah, sagen wir, ich zwang mich dazu, gleichermaßen Abstand zu wahren zu ihm und zur KPM, was jeden Tag unhaltbarer wurde.«

Am 24. Mai 1940 führte der Maler Siqueiros ein Kommando an, das bis zu Trotzkis Wohnung vordrang und Maschinengewehrsalven ins Zimmer des alten Bolschewiken abfeuerte. Noch heute kann man in dem Museum von Coyoacán die Schußlöcher rund um das Bett herum sehen.

»Ich reagierte heftig, rannte zu Juan de la Cabada und sagte ihm deutlich, daß das für mich ein Verbrechen war, das durch nichts politisch gerechtfertigt werden konnte. Im Umkreis der Schuldigen taten alle verständig, einschließlich Pablo Neruda, der mehr darin verwickelt war, als ich geglaubt hatte.«

Paz berichtet von einer Episode, die ihn damals wider Willen in die Sache hineingezogen hatte, möchte dann aber doch nicht, daß sie bekannt wird. »Einige der Leute leben noch, aber nicht nur deswegen habe ich seit langem nicht mehr darüber gesprochen. Ich empfinde es irgendwie als Denunziation, und da die Zeit Menschen verändern kann, wäre es nicht zu rechtfertigen, Genossen von einst preiszugeben. Ich stand schließlich allein, gab *El Popular* auf, wo ich regelmäßig geschrieben hatte, und besuchte immer weniger Freunde aus dieser Zeit. 1941, als Hitler-Deutschland die Sowjetunion angriff, nahm ich wieder Kontakt auf, aber zwei Jahre später traf ich die endgültige Entscheidung. Dabei bin ich geblieben.«

Es gibt ein Detail, das Siqueiros auch mit dem zweiten Attentat verbindet. Die Wohnung in Paris, wo der gedungene Mörder Mercader Trotzkis Sekretärin kennenlernte, was ihm ermöglichte, sich allmählich ins Vertrauen seines Opfers einzuschleichen, war ausgerechnet an den mexikanischen Maler vermietet. Octavio Paz schweigt, bemüht, die Fäden unterschiedlicher Erinnerungen miteinander zu verknüpfen. Dann eine erstaunte Geste: »Nun, das wußte ich nicht; aber es könnte etwas erklären, was einige Zeit meine Neugier erregt hat, auch wenn ich inzwischen lange nicht mehr daran gedacht habe. In diesem Jahr, 1938, traf ich Siqueiros zufällig in Paris. Er reagierte verlegen, als ob ihm die Tatsache, daß ich ihn in der französischen Hauptstadt gesehen hatte, Probleme bereitete, die er nicht imstande war, mir zu erklären. Ich erinnere mich, ich war mit Elena, und nachdem er ein paar halbe Sätze gemurmelt hatte, sagte er, er müsse zum Gare de Lyon, um einen Zug Richtung Italien zu nehmen. Und um zu beweisen, was er behauptet hatte, bat er uns, ihn zu begleiten; ich habe ihn tatsächlich in einen Zug steigen sehen, der über die Schweiz nach Turin fahren sollte. Aber sowohl ich wie meine Frau hatten den Eindruck, daß es Siqueiros wichtig war, klarzustellen, daß er nur auf Durchreise in Paris war, als wolle er verbergen, was er in Wirklichkeit beabsichtigte. Was hätte er schon in Italien tun können, ausgerechnet zu der Zeit... Damals fand ich keine Erklärung dafür, aber ich war fest überzeugt, daß er im nächsten Bahnhof wieder ausgestiegen war, vielleicht wegen seines Verhaltens, das verriet, daß er nur eine Ausrede erfunden hatte. Jetzt nun könnte ich daraus schließen, daß er in Paris mit der Vorbereitung eines Plans beschäftigt war, mit dem seine Person in gar keinem Fall in Verbindung gebracht werden durfte. Wer weiß, wie er sich gefühlt hat, als uns uns auf der Straße traf . . . «

Wie sieht Octavio Paz heute den jungen Mann, der damals in Valencia Hemingway, Robert Capa, Gerda Taro, Ilja Ehrenburg und André Malraux getroffen hat . . .

»Unmöglich, etwas zu vergessen; ich könnte es nicht, und ich möchte es nicht. Letzten Monat, in Valencia, haben wir ein Telegramm an Gorbatschow gesandt, damit er die Archive der GPU öffnet und endlich bekannt gibt, wie und wann Andrés Nin getötet wurde. Einst habe ich José Bosch, einem lieben anarchistischen Freund, der bei den blutigen Tagen in Barcelona dabei war, Gedichte gewidmet . . . Aber die Erinnerungen haben mit der Realität heute nur wenig zu tun.«

Octavio Paz steht plötzlich auf, wie um zu verhindern, daß eine gewisse Trauer aufkommt. Seine Haltung verströmt Gelassenheit, ihm ist kaum etwas anzumerken. Beim Blick auf die Uhr stelle ich fest, daß aus zwanzig Minuten eineinhalb Stunden geworden sind. Er lächelt und bemerkt dann abschließend auf dem Rückweg durch sein luftiges Labyrinth: »Jetzt haben Sie mich doch viel mehr packen können, als ich eigentlich zulassen wollte.«

10

Gerda Taro beschloß ihr Leben in Spanien, David Seymour fiel 1956 während der französisch-englischen Invasion des Suez-Kanals, während Robert Capa den Tod in Vietnam fand; alle starben bei der Ausübung ihres Berufs als Reporter. Erfolglos hatten diese drei Freunde versucht, Tina davon zu überzeugen, ihre Tätigkeit als Photographin wieder aufzunehmen: die Assistentin von Norman Bethune und Funktionärin der Roten Hilfe, die gelegentlich dubiose Warnungen aussprach, zog es vor, nicht wieder mit einer Leidenschaft in Berührung zu kommen, die wohl das strenge Bild der schweigsamen, disziplinierten Befehlsempfängerin in Frage gestellt hätte, einer Gestalt, die nur durch die völlige Verleugnung ihrer schöpferischen Natur hatte entstehen können.

Nur selten läßt sie sich zu öffentlichen Äußerungen hinreißen; bei einer einzigen Gelegenheit beschwerte sie sich, Freunde und Genossen hätten sie hart und ungerecht behandelt; sie äußert sich jedoch nur indirekt dazu, indem sie von einem Zusammentreffen mit Alexandra Kollontai in Mexiko erzählt und wie tröstlich sie es empfand zu hören, daß auch die Karriere der damaligen sowjetischen Botschafterin durch moralische Verurteilungen ähnlich behindert worden war wie ihre.

»Sie war eine bewundernswerte Frau, eine Persönlichkeit, die ich unmöglich vergessen könnte. Als sie mir erzählte, daß einige mexikanische Freunde ihr zu verstehen gegeben hatten, ich habe in den besseren Kreisen in Mexico-City und vor allem in der Ausländerkolonie einen sehr schlechten Ruf, weil ich sowohl für Weston wie für Rivera nackt Modell gestanden hatte, lachte sie bloß... Und sie erzählte mir, was man über sie geredet hatte, als sie jung war; und dann beteuerte sie, sie tue stets das, was sie für richtig halte, ohne sich um die Meinung der anderen zu kümmern. Kollontai war eine aufrichtige Revolutionärin, eine gute Kommunistin, und was ihr eigenes Privatleben betraf, meinte sie stets, es gehe nur sie etwas an, sonst niemanden.«

Vidali zufolge war dies das erste Mal, daß Tina solche Gedanken äußerte, und zwar bei einem Essen in der sowjetischen Botschaft, an dem auch der in Spanien als Grischa bekannte General Bersin teilnahm, derselbe, der Tina und Vidali 1932 vorgeschlagen hatte, in den Geheimdienst einzutreten.

Im Januar 1937 kam David Alfaro Siqueiros in Valencia an. Während der mexikanischen Revolution war er als Hauptmann der jüngste Offizier im Generalsstab der *División del Norte* gewesen und hatte später das Amt des Militärbeauftragten an der mexikanischen Botschaft in Paris bekleidet. In Spanien meldete er sich freiwillig bei der XI. Division von General Lister, der zusammen mit Modesto der ranghöchste Militär im Dienst der Komintern war.

Nach der blutigen Schlacht von Jarama wird Tina nach Malaga gesandt, wo das Vorrücken der Frankisten die Evakuierung der Stadt notwendig macht. Mit Norman Bethune kommt sie in Almería an. Dort befindet sich alles in totalem Chaos: die Bombardements aus der Luft erfolgen in halbstündigen Abständen, in den Straßen drängen sich Tausende von Flüchtlingen, während vom Meer her Schiffe den Hafen beschießen und zu Lande die italienischen Panzer vorrücken und die flüchtenden Zivilisten unter Beschuß nehmen. »Ich hasse den Krieg«, sagte sie später einmal zu Vidali, «aber jetzt würde ich einen begrüßen«. Tatsächlich gibt es für das antifaschistische Spanien nur eine einzige Rettung, nämlich Widerstand bis zum Ausbruch eines Weltkrieges, den mittlerweile alle für unvermeidlich halten.

Zurück in Valencia müssen sie der Feindseligkeit der Bevölkerung entgegentreten, die den Verlust von Malaga der Regierung und dem Generalstab anlastet; denn diese haben den dortigen Frontabschnitt vernachlässigt, obwohl sich die frankistische Offensive schon lange vorher angekündigt hatte, auch durch die Verschiebung der riesigen italienischen Truppen, die nicht unbemerkt hatte bleiben können.

In Guadalajara dagegen erleiden die Faschisten eine schwere Niederlage. Norman Bethune versorgt die von der Front kommenden Verwundeten Tag und Nacht, doch man überzeugt ihn, nach Amerika zurückzukehren: sein Ruf könne der republikanischen Sache dienen, und Hilfe und Zustimmung für sie einholen, wohingegen es ein überflüssiges Opfer sei, in einem Feldlazarett auf das nächste Bombardement zu warten. Der kanadische Arzt starb später in China, wohin er zur Unterstützung der Revolution gegangen war.

Im September wird Vidali nach Paris geschickt; danach trifft er sich mit Tina in Barcelona, wo alles auf die bevorstehende Niederlage wartet. Trotz des Sieges bei Teruel hat Asturien bereits verloren; die Offensive führt die Frankisten von Caspe ans Meer und spaltet das Gebiet der Republik in zwei Teile. Valencia und Barcelona werden ununterbrochen bombardiert; die letzte Flucht beginnt.

Maria wird nach Valencia auf ein kleines Schiff gesandt, in einen von feindlichen Motorbooten befahrenen Meeresabschnitt. Als Vidali ihr rät, den Auftrag abzulehnen, besteht sie darauf, trotz aller Müdigkeit und Hoffnungslosigkeit an Bord zu gehen. Nur zufällig erreicht sie ihren Bestimmungsort, mit einem beschädigten Motor und stets in Gefahr, in feindlichem Gebiet anlegen zu müssen.

Im November nimmt sie an der Organisierung eines Rote-Hilfe-Kongresses im belagerten Madrid teil; die republikanische Offensive am Ebro hat der Hauptstadt einen kurzen Aufschub gewährt, durch das Münchner Abkommen sind die Internationalen Brigaden jedoch zum Verlassen Spaniens verpflichtet. Auch Tina befindet sich auf der Tribüne, auf der sich die Persönlichkeiten drängen, um die abziehenden Freiwilligen zu grüßen.

»Es ist nicht gerecht, daß das Ende so aussieht. Wir haben fast drei Jahre lang gekämpft. Ich habe die verstümmelten und verwundeten Kämpfer aller Schlachten in ihren Bandagen vorüberziehen sehen, mit Blumensträußen, aber ohne Freude, auf den Gesichtern nur Traurigkeit

Vittorio Vidali, Kommandant des Fünften Regiments

und in den Augen Tränen. Ich fühlte, wie mein Herz sich verkrampfte, und dachte, das ist das Ende.«

Am Abend des letzten Kongreßtages wird Madrid durch grauenvolle Luftbombardements und Artilleriebeschuß getroffen: auch Vidali ist unter den Verletzten.

Nach dreiwöchiger Rekonvaleszenzzeit fährt er mit Tina nach Albacete und dann per Flugzeug nach Barcelona. Eine halbe Stunde nach dem Start müssen sie wegen gestörten Funkkontakts zurückfliegen, werden dabei jedoch von frankistischen FIAT-Fliegern abgefangen und gezwungen, auf einem Notlandungsplatz in der Umgebung der Stadt zu landen. Laut Vidali bleibt Tina auf dem Flug und während des Gewehrfeuers so kaltblütig, daß die erstaunte Besatzung ihr nach der Landung Komplimente macht.

Am 31. Dezember zielt die letzte Offensive auf Barcelona, das am 25. Januar fällt. *Maria* erhält einige Male den Auftrag zu Fahrten nach Frankreich, um verletzte Parteimitglieder oder Persönlichkeiten, die in Sicherheit gebracht werden müssen, zu begleiten.

In Figueras, wohin sie verlegt worden ist, kann sie sich wie durch ein Wunder retten, als eine Bombe den Sitz der Roten Hilfe trifft.

In eisigem Regen verläßt eine halbe Million Flüchtlinge Katalonien, ohne Nahrung, verfolgt von Bombardements. Die einzigen, die den Rückzug verteidigen, sind die wenigen bis zuletzt geblieben internationalen Freiwilligen und die katalanischen Anarchisten, die viele Jahre lang in den Pyrenäen den Guerillakrieg geführt haben. Tina verabschiedet sich von Matilde Landa, der engen Freundin während der tragischen Zeit in Spanien. Matilde hat darum gebeten, bleiben zu dürfen, um an der Front bei Madrid zu kämpfen; nach dem Fall der Stadt wird sie von den frankistischen Truppen verhaftet und zum Tode verurteilt. Dank der Intervention einflußreicher Persönlichkeiten wird die Strafe in eine Haftstrafe umgewandelt; sechs Monate lang foltert man sie in den Kellern der Polizei. Ein paar Jahre später »stürzt« sie aus einem Fenster des Gefängnisses von Mallorca. Ihr Mann Paco Ganivet begeht in Madrid Selbstmord; nach seiner Rückkehr aus dem Londoner Exil springt er aus dem fünften Stock.

Auch Tina findet sich damit ab, der langen Schlange zerlumpter Männer und Frauen zu folgen, die ihre Waffen wegwerfen und sich der wenig wohlwollenden Obhut französischer Grenzposten unterstellen. Für Tina ergeben sich keine nennenswerten Schwierigkeiten, da sie einen frischen Ausreisestempel aus Frankreich in ihrem Paß hat.

Der Empfang der spanischen Flüchtlinge durch die französischen Kommunisten ist nicht viel herzlicher. Es sind Besiegte, die für das instabile Gleichgewicht eines Landes, das die verheerende Linksunion der Regierung Léon Blum hinter sich hat, ein enormes Problem darstellen; Tina muß sich mit einer für sie bislang unvorstellbaren neuen Realität auseinandersetzen, mit Parteimitgliedern, die den Forderungen der Flüchtlinge verlegen und ablehnend begegnen. Vidali berichtet von einer Episode in Perpignan, wo der Pförtner eines Volkshauses wenig Brüderlichkeit demonstriert; die wütende Reaktion Vidalis bewirkt einen Streit, der schließlich vor dem Sekretariat der KPF landet. Spät in der Nacht suchen Tina und Vidali, stets in Gefahr, auf Polizei zu stoßen, die nach von der Grenze kommenden versprengten Flüchtlingen fahndet, Zuflucht im spanischen Konsulat; das ist bereits überfüllt, weshalb sie sich für ein Hotel entscheiden, wo Freunde ein Zimmer haben beschaffen können.

Die Nacht vergeht unter endlosen Debatten, in Zorn, Verzweiflung und der bitteren Gewißheit, zu einem abgeschlossenen Kapitel der Geschichte zu gehören. Nur Vidali fährt fort, unklaren Optimismus und einen Elan zur Schau zu tragen, der über die momentane Situation hinausreicht, in der Gewißheit, seine Mission erfüllt und für die Zukunft noch mehr Karten im Spiel zu haben. Tina lauscht schweigsam, traurig, aber wach und konzentriert.

Im Zug nach Paris erarbeiten sich die beiden einen Überblick über die Instruktionen für die Arbeit, die sie bei der französischen Roten Hilfe erwartet; die Order lautet, auf keinen Fall nach Spanien zurückzukehren, da die Überwachung der Flüchtlinge, die sich zu Tausenden an die Organisation wenden, organisiert werden muß. Beide kommen bei dem Rechtsanwalt Marcel Willard unter und machen sich ans Werk, ohne auch nur einen Tag zu verlieren. Tina wird tief verletzt von der Intervention eines Pariser Genossen auf der ersten Sitzung, der ohne Umschweife erklärt: »Die spanischen Flüchtlinge haben den Krieg verloren, jetzt können sie keine großen Ansprüche an uns stellen!« Entgegen ihrer Gewohnheit packt sie ein Wutanfall: »Aber ihr habt den Kampf gegen die Nazis verloren, und die Niederlage Spaniens ist die Niederlage des gesamten europäischen Antifaschismus!« Der Zwischenfall wird unter verblüfftem Schweigen des französischen Kommunisten beigelegt.

Ein anderer schwerer Schlag ist der Tod des Dichters Antonio Machado, der, bereits erkrankt, im strömenden Regen die Grenze zu Fuß überquert hatte; eine Lungenentzündung streckt ihn wenig später nieder. Tina fährt nach Collioure. Dort liegt Machado bereits im Sterben. Das Ende des Freundes löst bei ihr tiefe Niedergeschlagenheit aus, die sie offenbar nur durch eine drastische Entscheidung glaubt besiegen zu können: ihr Wunsch, nach Italien zurückzukehren, um das Regime aus dem Untergrund zu bekämpfen, wirkt eher wie ein verzweifelter Epilog denn als politischer Entschluß. Sie wird davon überzeugt, in Frankreich zu bleiben, wo ihre Arbeit momentan für sinnvoller gehalten wird. In der Zwischenzeit kommt Tom Bell, der bekannte englische Kommunist, in einer Mission von Jelena Stassowa für Vidali und Tina nach Paris; beide können sich zwischen zwei Angeboten entscheiden: entweder für die Rückkehr nach Moskau, um dort in den Genuß einer »Ruhepause« zu kommen, oder für die Übersiedlung in die USA, um dort die Ankunft weiterer spanischer Flüchtlinge zu organisieren. Vidali behauptet, die Stassowa habe ihnen die zweite Möglichkeit nahegelegt. Allerdings hätten beide illegal in die USA einzureisen und riskierten im Fall einer Verhaftung die Deportation nach Italien; Tina gibt zu bedenken, daß eine Rückkehr in die Sowjetunion ebenfalls beträchtliche Beschränkungen, wenn nicht gar Lagerhaft in Sibirien bedeuten könne. Angesichts solcher Äußerungen ist schwer begreiflich, wie sie es fertigbringt, ihre »Arbeit« bei der spanischen Roten Hilfe mit der Angst vor Verfolgung durch dieselbe Macht in Moskau zu vereinbaren. Zumindest ist das die »offizielle« Version; in Wirklichkeit werden wir später erfahren, daß Vidali in die Vereinigten Staaten reisen soll, um an der Planung der Ermordung Trotzkis teilzunehmen, wie manche sogar behaupten, als Hauptverantwortlicher.

Jedenfalls erreicht Vidali am 23. März 1938 New York; Tina soll kurze Zeit später nachkommen. Für ihn ist es überhaupt kein Problem, an Land zu gehen, Tina jedoch wird das Einreisevisum verwehrt, und die Behörden verfrachten sie auf ein Schiff in Richtung Veracruz. Während des kurzen Aufenthaltes in New York gelingt es den beiden, dank der Bewegungsfreiheit, die Vidali mittlerweile überall zu genießen scheint, sich zu treffen.

11

Bis heute hat Paco Ignacio Taibo II zweiundzwanzig in zahlreiche Sprachen übersetzte Bücher veröffentlicht; er ist Herausgeber einer Buchreihe in Mexiko und einer in Spanien, Chefredakteur der Kulturbeilage der Zeitschrift *Siempre*, hauptsächlich jedoch ist er Vizepräsident der Internationale der Kriminalschriftsteller, die jene Autoren umfaßt, die ihr Genre in irgendeiner Weise antiinstitutionell oder als Instrument ungeschminkter Kritik begreifen.

»Die Herausforderung der Internationale liegt darin, daß sie das Getto zerstören will, in das Kriminalschriftsteller stets verwiesen wurden, denn aufgrund der Marktstrukturen genießen sie überall weniger Ansehen als die ›Eminenzen‹ der Literatur. Dabei machen sich nur wenige bewußt, daß die sogenannte *Glasnost* auf literarischem Gebiet von eben diesen Genreschriftstellern in Gang gesetzt wurde, die es sich leisten konnten, dank der *fiction* politische Schemata und Regeln zu verletzen. In der Sowjetunion war nur in Kriminalromanen von Machtmißbrauch, Korruption und Gangstertum der hohen Funktionäre die Rede ...«

Ein Gespräch mit Paco ist wie ein Platzregen aus Zitaten, Daten, Broschüren, Blättern und Notizen. In allen Ecken seiner archivähnlichen Wohnung sind Zettel verstreut, die er unentwegt durch seine Hände wandern läßt, stets auf der Suche nach einer Quelle oder einem Beweis seiner Behauptungen.

Als Historiker rechnet er sich ohne falsche Scham zu den Libertären, ein würdiger Erbe anarchistischer Eltern, die nach der Niederlage in Spanien nach Mexiko geflüchtet waren; er gibt ein Seminar im Fachbereich Gesellschaftswissenschaften an der Universität, die ihn dieses Jahr unter anderem für den Band *Bolshevikis-Orígenes del Comunismo en México* mit dem Preis für die beste historische Arbeit ausgezeichnet hat. In einem jüngeren Artikel hat er sich selbst als *independiente, populachero, plebe y sandinista* bezeichnet, in Abgrenzung zu Intellektuellen, die sich offenbar schämen, eine klare Position zu beziehen. Seine ganzes Interesse gilt den aktuellen Bewegungen der Studenten wie der Randgruppen, aber auch jugendlicher Banden; sich einer Partei zuzuordnen, hat er jedoch stets abgelehnt.

Teils wegen der öffentlichen Meinung, teils auch wegen seines »Umgangs« mit Verbrechen und Spionage erwarte ich ein wildes Gemisch aus Intrigen, Geheimnissen und Informationen, mit denen ich Hefte und Notizbücher füllen könnte. Schnell erweist sich das genaue Gegenteil.

»Um im Fall der Ermordung Mellas den Schuldvorwurf gegen Vidali aufrechterhalten zu können, wurden politische mit persönlichen Motiven vermengt. Vidali war auf Mella eifersüchtig, Mella war sein wichtigster Feind in der Partei und ein unüberwindliches Hindernis für die Politik der Internationale, folglich soll er nichts weiter getan haben, als das ›Nützliche mit dem Angenehmen zu verbinden‹. Ich glaube das nicht. Vidali hat noch viel Schlimmeres verbrochen, daran kann es überhaupt keine Zweifel mehr geben, aber Mella wurde nicht von Parteigenossen oder auf Geheiß der Komintern umgebracht. 1929 war die Phase der Eliminierungen noch nicht erreicht, man begnügte sich mit Ausschlüssen und Verleumdungen. Ich glaube auch nicht, daß es ausreichend Beweise für die These gibt, Mella habe sich dem Trotzkismus angenähert; es gibt nur Indizien. Ich persönlich glaube an eine dritte Hypothese und habe eine Menge Material dazu gesammelt: Mella ist von der mexikanischen Polizei ermordet worden, und hierbei ist unwichtig, wer der Mörder war und woher er kam. Mella war es gelungen, die *Confederación Sindical Unitaria Mexicana* zu gründen, wobei er mit der Parteiführung aneinandergeriet und zum Führer der linken Strömung in der Partei wurde. Die

Regierung hatte bereits 1928 das Wachstum der KPM begünstigt, in der Hoffnung, sie möge im gewerkschaftlichen Bereich tätig werden, um dadurch die *Confederación Regional Obrera Mexicana*, die gelbe Gewerkschaft, die jedoch auch Kommunisten und andere linke Kräfte umfaßte, zu schwächen. Als Präsident Portes Gil glaubte, daß die CROM eine Phase der Zersplitterung erreicht und ihre Einheit Risse bekommen habe, konzentrierte er alle Angriffe auf die Kommunisten und Anarchisten. Seine Verfolgung nahm sehr schnell systematischen Charakter an, er bediente sich jedes Mittels, von der Ausweisung von Ausländern bis hin zum Mord an den Unbeugsamsten, und zu denen gehörte Mella.«

Immer wieder steht er vom Schreibtisch auf, kommt mit Büchern, Akten und Zeitschriften zurück, nennt Namen, Titel und Adressen, an die ich mich wenden kann, und erzählt weitere Einzelheiten, während ich meinen Traditionalismus verfluche, der mich den Füllfederhalter benutzen läßt anstelle eines Kassettenrecorders.

»Was Trotzki anbelangt, ist klar, daß Vidali am ersten Attentat beteiligt war. Er hat damals eine Reihe von Veranstaltungen gegen den ›Verräter‹ organisiert, ebenso die Pressekampagne, die das geeignete Klima für die Eliminierung schaffen sollte, er organisierte die Beschaffung der Waffen und der Polizeiuniformen, und arbeitete den Plan im einzelnen aus. Ich glaube, daß ihn der Fehlschlag nicht wenig von seiner Glaubwürdigkeit kostete, denn für das zweite Attentat, an dem überdies seit Jahren detailliert gearbeitet worden war, entzog man den ›Spaniern‹, d.h. den stalinistischen Mördern, die im Bürgerkrieg Karriere gemacht hatten, die Leitung, die in die professionellen Hände getreuer Gefolgsleute Moskaus überging. Ich sehe Vidali mehr als einen, der improvisiert, einen, der sich auf riskante Aktionen verläßt, aber ganz und gar nicht als stillen, geduldigen Befehlsempfänger. Ich bin sicher, daß die Realisierung des zweiten Plans, zumindest was seine praktische Durchführung betraf, vollständig im Dunkeln gehalten wurde.«

Die letzte Frage zu Tina beantwortet er mit einem traurigen Lächeln, die Arme ausbreitend. »Sie starb an ihrem Alter, die Ärmste.«

Mit fünfundvierzig Jahren?

»Sie war innerlich alt. Wenn du dir in der Hälfte deines Lebens bewußt wirst, daß du dein ganzes Leben in einem Saustall verbracht hast, kann dich das schon innerhalb weniger Monate um hundert Jahre altern lassen.«

Wir sind auf der Suche nach dem Kino Latino Plus; im *Excelsior* stand, daß »La ciudad y los Perros« nach dem Roman von Vargas Llosa angelaufen ist. Wir meinen, es sei in der Insurgentes, aber die Passanten schwören, es befinde sich in der Reforma, und obwohl Luz und Jorge in Mexico-City geboren und aufgewachsen sind, verfahren wir uns.

Ich komme mit meinen üblichen Geschichten, und da die Calle Bolivar in der Nähe ist, wette ich, daß es den Weinkeller »La India« noch gibt. »Ja, klar, da an der Straße«, sagte Jorge, als wir um die Ecke biegen.

Als das Namensschild auftaucht, feiern alle meinen kleinen Triumph; nach so vielen Zeugen, die ausgerechnet letztes Jahr starben, nach Gebäuden, die wegen des Erdbebens einstürzten, und Überlebenden, die sich nur mühsam noch an nach fünfzig Lebensjahren verblaßte Gesichter erinnern, ist es schon ein winziger Erfolg, »La India« noch am selben Platz wie früher zu finden.

Der »Lokaltermin« für den Abend ist beschlossen; das Fähnlein der Erinnerungssucher reduziert sich allerdings auf den italienischen Kern.

Wir treten durch die typische Tür aus halben Schwingläden ein; an einem dieser Tische saß am 10. Januar 1929 Julio Antonio Mella. Hier traf er sich mit Magriñat, der ihn vor zwei mit seiner Ermordung beauftragten Mördern warnte. Nach dem Verlassen des Lokals traf Mella sich wieder mit Tina, und ein paar hundert Meter weiter streckten ihn dann Pistolenschüsse nieder.

Es sind nur wenig Kunden anwesend; in den Kellern kommt das interessanteste Publikum traditionsgemäß nachmittags zusammen. Der blutjunge Kellner ist sehr freundlich, alles wirkt, als wolle sich ein neuer Wirt bei den Gästen beliebt machen. An der Wand im Hintergrund das einzige »Fundstück«, das auf jene Zeiten zurückgehen könnte: das Bild einer Indianerin mit blankem Busen, und der Name des Lokals. An den Fenstern naive Bildchen, die Speisen und Getränke darstellen, beispielsweise einen Polypen mit trauriger Miene und einer Beule am Kopf oder einen davonlaufenden Polizisten mit ebenso großen, Banknoten umklammernden Greifarmen. Ich frage Gloria, welche Erfahrungen sie mit den *criadillas* hat, die auf der Speisenkarte stehen, und sie will sich lieber nicht blamieren. Enzo behauptet, daß es für jemanden, der noch nie Stierhoden gegessen hat, keine bessere Gelegenheit gibt als hier, und daß man schließlich in Weinkeller geht, um Nationalgerichte zu probieren. Und um sich in Gesellschaft zu betrinken, natürlich. Sofort sind alle über den Weinkeller, das Essen und das übliche *Corona Extra* begeistert, das inzwischen besser schmeckt als jedes andere Bier.

Als ich beschließe, den Kellner auszufragen, beeilt sich dieser, seine Kollegen zu Rate zu ziehen, solange, bis der Geschäftsführer auftaucht. Er präsentiert sich mit Vistenkarte, Roberto Camarena, Adresse »La India« und der ganze Rest. Der Besitzer ist gerade ausgegangen, er selbst arbeitet seit zehn Monaten hier. Als ich ihm erzähle, daß sein Lokal in Büchern und Artikeln erwähnt wird, fängt er Feuer. Es gibt anscheinend einen Gast, der schon seit Urzeiten hierher kommt, einen Mann von siebenundachtzig Jahren, der jeden Dienstag und Donnerstag seine *tres tragos* schluckt und so sehr zur Institution geworden ist, daß ihm der Weinkeller seinen ganzen Verzehr gratis offeriert.

»Herr Emilio Olvera weiß mit Sicherheit von alldem, was Sie mir erzählen, und überdies ist er ein Mensch, der ein gutes Gespräch gewiß nicht verachtet. Er erzählt oft davon, wie er zur Zeit von Maria Conesa hierherkam, der als *La Gatita Blanca* bekannten Künstlerin, einer sehr schönen Frau, die lang vor 1929 berühmt war . . . Wenn Sie gegen Mittag hierherkommen, erzählt er Ihnen bestimmt noch mehr. Er war damals schon über dreißig Jahre alt, und sein Gedächtnis ist noch immer so gut, daß er bestimmt erzählen kann, wie man sich in den Weinkellern der Gegend hier aufgeführt hat.«

Wir lachen, und er setzt hinzu: »Nebenbei, wir wissen, daß er mindestens drei Gläser trinkt, aber wir wissen nicht, wieviele er in der ›Perla‹ gleich gegenüber zusammenbringt.«

Und was ist das *La India*, das auf ein paar Schildern als das beste Mittel »für den Tag danach« gepriesen wird?

»Das ist der Cocktail des Hauses. Campari, Fernet, Wodka, Gin, Rum, Brandy und Wermut, dazu Apfel- und Zitronensaft. Es wird fast ausschließlich morgens bestellt: wenn du abends getrunken hast, schluckst du morgens eben einen *La India* und kannst ruhig zur Arbeit gehen, ohne daß der Kater dich umbringt.« Wir glauben ihm auf's Wort.

Gelächter, noch eine Runde Bier, noch mehr Geschichten von alten Weinkellern, die seit fast einem Jahrhundert Mexikos wahres Leben ausmachen.

Emilio Olvera Aranda lehnt am Tresen, pünktlich wie jeden Dienstag und Donnerstag um halb elf. Der Geschäftsführer zeigt ihn mir freudestrahlend. Emilio wirkt jünger; unerklärlich bleibt, wie er es schafft, den Tag mit drei Schnäpsen zu eröffnen, und das auch noch im Stehen.

»Ich kenne bestimmt mehr Weinkeller als Kirchen«, hebt er an, gemäß seiner Aufgabe als öffentliche Attraktion, wohl wissend, daß alle Anwesenden nur darauf warten, von einem, der 1900 geboren ist, Geschichten zu hören.

»Das ›La India‹ gab's schon zur Zeiten von Diaz. Es ist einer der ältesten Weinkeller, wird wohl so um 1915 eröffnet worden sein. Aber der älteste von allen ist der ›Gallo de Oro‹; den gab's schon, als ich noch ein Kind war. Aber was wollt ihr, ich soll mich an Leute erinnern, die 1929 hier vorbeigekommen sind . . . Kubaner habe ich viele gekannt, und auch viele Leute, die vor Weinkellern umgebracht worden sind.« Er überläßt sich dem Philosophieren: »Ich habe ein Jahrhundert an mir vorbeiziehen sehen, bloß um zu lernen, daß je mehr wir meinen, wir wüßten etwas, desto weniger wissen wir«, und sein Publikum ist begeistert. Er kommt weiter in Schwung, als er ein paar obzöne Verse deklamiert. Der Geschäftsführer lacht und beschwört ihn, nicht mit Gedichten anzufangen. »Wer sich romantischen Gefühlen hingibt, wird nur trübsinnig.« So leert Emilio den zweiten Brandy und braucht dazu zwei *tacos* zur Begleitung. Was soll ich weiter tun, als ihm gleichzuziehen und das Gebräu zu bestellen, das hier *La India* genannt wird.

»Über Kommunisten kann ich nur eines sagen: die haben mich zu oft beschissen, als ich noch jung war, ich habe schon lange aufgehört, irgendeiner Partei zu trauen.«

Es hat keinen Sinn, weitere Erklärungen zu verlangen; durch den Anfang habe ich mir alles verdorben, fürchte ich.

»Zwanzig Jahre war ich alt, als ich mich an einem Eisenbahnerstreik beteiligte, der in die Geschichte einging. Monate voll von Kämpfen, Toten, Hunger, und wir blieben hart, folgten dem Mistkerl Laborde, der sich schließlich auf unsere Kosten eine Position geschaffen hat. Ich erinnere mich, daß irgendwann auch einmal die Kollontai kam, mit ihrem enormen Hintern und dem Getue einer Emanzipierten, die Ansprachen ans ›Volk‹ hält und den mächtigen Landherren trotzt. Noch so eine, die nichts wert war.« Zustimmenden Augenzwinkern, die Anwesenden lachen und fordern mehr anatomische Details über die Kollontai.

»Am Ende haben wir's natürlich geschafft. Der Oberste Gerichtshof gab uns recht, wir hatten praktisch gewonnen. Nur, daß Präsident Plutarco Elias Calles uns zu einer schönen Versammlung einberief, die er mit den Worten beendete: Ihr habt den Gerichtshof herausgefordert, habt euch an den Schiedsgerichtshof gewandt, und nachdem ihr über das Land viel Schaden und Unordnung gebracht habt, ist es euch gelungen, beide zum Nachgeben zu bewegen. Aber ihr habt vergessen, daß in Mexiko ich die höchste Autorität bin, und ich es den Eisenbahnern nicht gestatten werde, das Land in den Ruin zu treiben. Deshalb gebe ich euch fünfzehn Tage, zur Arbeit zurückzukehren, oder der Teufel soll euch holen. Das hat er wirklich gesagt.«

Er leert das Glas und wartet auf das dritte. Ihn auf mein Thema zurückzubringen, ist vergebens, er nutzt seinen Status als lokale Institution aus und wechselt das Thema, wie es ihm beliebt. Trotz Hitze und Alkohol ist er würdevoll in einen dunklen Anzug mit Weste eingezwängt, spricht sehr leise, daran gewöhnt, daß man ihm aufmerksam lauscht. Ein paar existienzielle Betrachtungen, deren Bedeutungsschwere das kleine Publikum zustimmt, brüllendes Gelächter, als er die Stimmung mit zwei- und dreideutigen Witzen zerreißt. Die Kollontai taucht wieder auf; aber der pikanten Details sind genug, und er kommt auf seine Lieblingserinnerung zurück.

»Die *Gatita Blanca* war ganz anders. Das war ein Klasseweib! Die Weinkeller waren damals Männern vorbehalten, so wie noch vor wenigen Jahren. Aber für sie gab's kein Verbot! Auf dem Gipfel der Berühmtheit hat man sie dann wegen der *Automovil Gris*-Geschichte reingelegt.«

Er wartet, daß man ihn bittet fortzufahren.

»Das war eine Bande, die immer in einem grauen Auto umherfuhr. Leute, die an der Revolution teilgenommen hatten, sich dann aber auf Raubzüge in den Wohnungen reicher Leute spezialisierten. Es hieß, daß ihnen Maria Conesa dank ihrer Bekanntschaften die Informationen zuspielte. Sie wanderte nicht ins Gefängnis, aber ihr Stern ging von einem Tag zum anderen unter.«

Zum dritten Mal versuche ich auf das einzige Thema zurückzukommen, das mich interessiert.

»Aber ja, schon möglich, daß ich diesen Kubaner kannte. Die Demonstrationen wegen seiner Ermordung waren auch nicht anders als viele andere. Um die auseinanderzutreiben, wurde nicht einmal Polizei eingesetzt. Man hetzte die Feuerwehr gegen die Leute, die setzten Äxte ein und die Stiele von Spitzhacken. Aber 1929 hatte ich schon eine andere Arbeit gefunden, und ich wollte nichts mehr von Politik wissen. Alles in allem glaube ich, daß Porfirio Diaz nicht so ein Schwein war, wie es heißt, verglichen mit den Schurken, die nach ihm kamen.«

Er prostet mir zu; wir sind vielleicht beim zwanzigsten *salud.*

»Das ›La India‹ war damals viel kleiner. Es gehörte Spaniern, und politische Flüchtlinge aller Art verkehrten dort. In dieser Stadt waren alle einmal früher oder später, es war Treffpunkt von Aufrührern aus der halben Welt. Revolutionäre, Konterrevolutionäre, Spione, Agitatoren und ein Haufen armer Teufel, die sich für nichts haben umbringen lassen.«

Er leert das dritte Glas.

»Wofür haben die ihr Leben gegeben? Können Sie mir das sagen, wofür? Schauen Sie sich doch um, und dann sagen Sie mir, ob nicht alles noch widerlicher ist als früher.«

Er drückt reihum die Hände; der Geschäftsführer erinnert ihn an das Stelldichein von Dienstag; bei mir angekommen, meint er abschließend: »Ich war Ihnen wohl kaum von Nutzen. Wenn Sie wollen, können wir noch reden, aber schicken Sie mir bloß keine neuen Leute. Ich bin müde, will nur noch unter Freunden meine Gläschen trinken.«

Nahezu festen Schrittes geht er hinaus, vorbei an bewundernden Blicken und feierlich grüßenden Köpfen.

12

Pablo Salinas zog es vor, sich mit mir lieber in meinem Hotel zu treffen. »In letzter Zeit gehe ich kaum aus; jetzt bietet sich mir wenigstens eine Gelegenheit dazu.«

Ich erwarte ihn am Eingang und sehe ihn durch den langsam dünner werdenden Regen auf mich zukommen. Groß, dichte Haare, weißer Bart; blaue Augen, die mich neugierig anblicken, ein scharfer Blick, der ohne Eile warten kann, bis ich ihm den Grund für meine Anwesenheit und die Art meiner Arbeit hier erklärt habe. Wir gehen ins nahegelegene »Sanborn's«, eines der unzähligen Lokale in amerikanischem Stil, die den einzigen Vorzug haben, daß man dort bei einer Tasse Kaffee ungestört reden kann. Pablo ist fünfundsechzig Jahre alt, seine Schritte sind rasch und bestimmt und verraten eine Beweglichkeit, die früher wohl außerordentliche Kraft ausgestrahlt hat. Kaum sitzen wir, fragt er schon, ob ich einer Partei, einem Verband oder etwas Ähnlichem angehöre oder bloß ein Einzelgänger sei. Für den Moment begnüge ich mich damit, ihm meine bisherige Arbeit darzustellen, und daß ich beabsichtige, ein Buch daraus zu machen.

Er witzelt liebevoll über Wladys Eigenarten, die russischen Hemden und den kleinen Haarschwanz, den er ihm so gern abschneiden würde: bei der Erwähnung von Victor Serge jedoch tritt ein Ausdruck tiefster Hochachtung auf sein Gesicht. Die Fragen zu dessen Person beantwortet er ausweichend, manchmal nur mit einem komplizenhaften Lächeln.

»Tina Modotti habe ich während der ersten Periode in Mexiko kennengelernt, als wir zusammen in der Antiimperialistischen Liga waren. Als sie wieder nach Mexiko zurückkehrte, lebte ich in den Vereinigten Staaten. Ja, sagen wir, wegen meiner ›Arbeit‹ ... «

Wegen seiner »Arbeit« reiste er oft nach China, aber auch nach Afrika und Japan, lebte in Paris und an vielen anderen Orten, die zu erwähnen ihm überflüssig erscheint.

»Tina Modotti war eine der vielen Revolutionärinnen, wie man sie in jenen Jahren überall traf... Sicher, sie hinterließ eine Legende, die immer wieder auflebt, aber es gibt Hunderte von Frauen, die die gleiche Aufmerksamkeit verdienten... 1929 war ich in erster Linie ein junger Kerl, der dabei war, sich als politischer Aktivist die ersten Sporen zu verdienen. So wie ich mich an Tina erinnere, war sie nicht außergewöhnlich schön, aber eine Frau von eigenartig faszinierender Ausstrahlung. Ja ... sie hatte etwas, das schwer mit Worten zu fassen ist.«

Als von Mella die Rede ist, wird er sehr ernst. Ich spreche kurz von dem Streit um Mellas Tod. Er drängt mich, klar zu sagen, worauf ich hinauswill.

»Alles dummes Zeug. Mella wurde auf Machados Befehl hin ermordet: Alles andere lohnt nicht, in Betracht gezogen zu werden. Damals waren wir noch weit von der Menschenschlächterei Stalins entfernt. Machado haßte Mella persönlich. Und die Streitigkeiten mit anderen Parteiführern spielten sich noch nicht in dem Klima der Stalinzeit ab. Sicher, es brauchte lange, bis wir begriffen, wer Stalin in Wirklichkeit war. Wir verteidigten ihn damals alle, welcher internen Linie oder Strömung wir auch angehörten, denn mit ihm verteidigten wir die von allen Mächten der Welt attackierte Sowjetunion. Natürlich hatte ich stets auch Ungewißheiten und Zweifel, aber ich muß gestehen, daß wir erst durch die Person Victor Serges und durch sein Werk begreifen konnten, was uns zuvor unvorstellbar erschien: wie konnten wir es hinnehmen, daß all die großen Köpfe der Oktoberrevolution sich schließlich selbst beschuldigten und gefügig dem Exekutionskommando auslieferten? Ich gehörte zu den Kommunisten, die den Trotzkismus und die Vorwürfe gegen die Sowjetunion zwar ablehnten, aber stets bereit waren, einem in Not geratenen Genossen zu helfen, gleich, woran er glaubte. Beispielsweise bewahre ich noch immer die Briefe von Delacroix aus den dreißiger Jahren auf, dem Freund von Andrés Nin und Führer der POUM, auch wenn ich mit dieser Linie nicht einverstanden war ... Leider war dann später für solche wie mich, die jenseits aller Spaltungen und jenseits des blinden Glaubens an die ›richtige‹ Linie ein solidarisches Verhalten bewahrten, nur noch wenig Platz.«

Ab und zu hält er inne, um mich anzublicken, als wolle er sehen, ob ich das, was er sagt, voll erfasse. Als ich auf Vidali komme, winkt er selbstgefällig ab.

»Ja, natürlich, habe ich ihn gekannt ... Aber mit ihm war es wie mit allen anderen Emissären der Internationale: sie kamen, um die ›Wahrheit‹, die Linie des Kreml, zu bringen, und begriffen einen Dreck davon, in welcher Lage sich die Länder, in die sie kamen, befanden. Zwischen den mexikanischen Kommunisten und ihnen hat es nie einen Konsens gegeben, und im übrigen war's so, daß wir sie dorthin schickten, wohin sie's verdienten ... Für diese Herren war typisch, daß sie irgendwo hinkamen, überzeugt, sie müßten mit einem tüchtigen Gepäck voller Doktrinen und schriftlichen Anordnungen arme Schwachköpfe erziehen; tatsächlich aber waren sie unfähig, diese Lehren der vollkommen anderen Realität, die sie vorfanden, anzupassen. Wenn wir überdies bedenken, daß die mexikanische Geschichte, ihre Revolutionen und ihre Menschen für einen Fremden schwer zugänglich und sehr kompliziert sind, kann man sich vorstellen, welche Erfolge sie mit einer solchen Vorgehensweise erzielten. Mit Sandino, den ich kennenlernte, als er nach Mexiko kam, sind sie nicht anders verfahren, oder mit Farabundo Martí, d.h. mit allen revolutionären Führern, die gegen den Imperialismus in Lateinamerika kämpften, ohne den Nachhilfeunterricht der Internationale zu benötigen. Erst kamen sie zu ihnen, um die Möglichkeiten einer Kontrolle über sie zu sondieren, und wenn sie feststellten, daß Managua oder San Salvador niemals werden könnten wie Moskau, verstießen sie sie oder gingen sogar soweit, ihnen Steine in den Weg zu legen.«

Ich frage nach Sandino, interessiert, aber vorsichtig, denn jedes Mal, wenn von Pablos direkten Erfahrungen die Rede ist, äußerst er sich sehr zurückhaltend.

»Ich lernte ihn kennen so wie viele andere auch, das heißt ich sah ihn öfters auf den Versammlungen der Liga oder traf ihn auf der Straße, wo ich mich mit einen Gruß begnügte, mehr nicht ... Im übrigen war es unmöglich, ihn nicht zu erkennen, wo er auch gerade war, denn er trug stets einen Cowboyhut und hohe Stiefel, so wie man ihn heute von den Bildern her kennt. Ganz Mexiko war auf seiner Seite, hier fand er Mittel und Waffen für seinen Kampf gegen die *marines*, und niemand unter uns verlangte von ihm Treue zur Partei oder die Unterstützung einer Linie ... Über ihn und sein ›verrücktes‹ Heer wurde sogar ein Lied gemacht, das sehr populär war. In jenen Jahren war Mexico-City ein einzigartiger Mittelpunkt internationaler Interessen. Außer der Unterstützung, die Plutarco Elias Calles den revolutionären Bewegungen des ganzen Kontinents gewährte, kamen ständig Künstler, Schriftsteller, Musiker, kreative Persönlichkeiten, sie trafen sich hier und stritten sich hier. Ich erinnere mich besonders an Majakowski, der stürmische öffentliche Auftritte hatte und abgemagert durch die Straßen strich, einen halben Meter über die Menge hinausragend. Ich lernte auch Antonin Artaud kennen, der von hier aus nach Chihuahua ging, um in der Wüste nach Peyote zu suchen. Seine Freunde organisierten dann schließlich eine Suchexpedition, weil sie meinten, er habe sich verirrt, aber sie fanden ihn unter den Tarahumara-Indianern in einer ganz und gar nicht unglücklichen Verfassung. Und noch viele andere mehr ... Naja, es hat keinen Sinn, die ›berühmten Bekanntschaften‹ aufzuzählen, was soll's ...«

Die zweite Runde Kaffee kommt. Ab und zu richtet er sich gerade auf und legt eine Hand auf den Rücken oder die Hüfte. »Mein Rückgrat macht mir zu schaffen. Das kommt von ein paar Dutzend Unfällen.«

Als ich mehr über diese »Unfälle« wissen will, rafft sich Pablo Salinas zu einer Erklärung auf. Bei diesem einen Mal bleibt es jedoch.

»Den ersten hatte ich in New York ... Diese verdammte berittene Polizei, fast alles irische Bestien, die auch zu Fuß hart zuschlugen, die liefen mit Holzknüppel herum, mit denen sie dich zum Krüppel schlugen. Während einer Demonstration war einer gerade dabei, ein Mädchen umzutrampeln, also hab ich mich vor das Pferd geworfen und es abgedrängt. Aber dem Hieb konnte ich nicht mehr ausweichen, und eine Woche lange war ich übel dran. Dann gab es noch eine Reihe ähnlicher Unfälle, die ich weggesteckt habe, solang ich jung war, aber jetzt fordern sie ihren Tribut.«

Wenigstens einen kleinen Hinweis auf seine »Arbeit« in New York hätte ich gern ...

»Da war nichts Besonderes. Wir waren alle *Boms*.«

Dieser Begriff taucht auch in einer Ballade aus der Zeit auf, einem frechen Liedchen von Rebellen aus Leidenschaft oder Not, das nach dem Schwarzen Freitag in Wallstreet und in den Jahren danach gesungen wurde.

»Ein *Bom*, das war ein Arbeitsloser, ein Vagabund, der nicht wußte, ob er am nächsten Tag noch aufwachen würde, ein Rebell auf der Straße, ein Outsider, kurzum, ein *Bom* war ein Revolutionär, auch ohne die Partei im Rücken und ohne Halt durch eine Organisation, die mehr unterstützt als Putz auf der Straße oder eine Aneignungsaktion. Doch ein aufrechter Revolutionär war ein *Bom* immer, ohne ideologisches Gerümpel, das den Sozialismus zu dem machte, was er heute ist, die Resultate können wir in Europa und Amerika ja sehen, von Asien ganz zu schweigen ... «

Dann verkehren sich die Rollen. Er geht in die Offensive und fragt mich nach der KPI, den Gewerkschaften, der Bewegung von '77 und der »Guerilla«; warum die Brigate Rosse so dumm sein konnten, Moro zu ermorden, statt ihn freizulassen. Er fragt nach den Aufschwüngen und Irrtümern einer Generation, die in Mexiko 1968 ausgelöscht wurde.

Wir hätten noch ewig so weiterreden können, hätte die Kellnerin uns nicht darauf aufmerksam gemacht, daß die Caféteria in einer halben Stunde schließe.

Draußen regnet es nicht mehr. Er nimmt die Metro nach Balderas, und ich kehre ins Hotel Imperial zurück, das nichts Imperiales an sich hat, nicht einmal mehr die Aufschrift, denn ein Stück davon ist heruntergebrochen, und der Rest wird aus Vergeßlichkeit manchmal nicht mehr erleuchtet.

Elena Poniatowskas Name erscheint fast täglich in den mexikanischen Zeitungen. Die Schriftstellerin, Journalistin, unermüdliche Entdeckerin neuer Talente und erfrischende Konferenz- und Diskussionteilnehmerin arbeitet an einem umfangreichen Roman über Tina Modotti. Ein vor einiger Zeit in der Wochenzeitschrift *Proceso* erschienener Artikel sprach von mindestens fünfhundert Seiten.

Auch Elena Poniatowska lebt im Süden der Stadt, in einem der Stadtteile, die sich gleich Oasen unerwartet seitlich der Avenida Insurgentes auftun: in Chimalistac, einem Straßengewirr hinter dem riesigen Denkmal von Alvaro Obregon, dem mexikanischen Präsidenten, dessen Mandat eine Salve Pistolenschüsse beendete.

Wir sind in ihrem Salon zu fünft; jemand plaudert über Proust mit glänzender, perfekter französischer Aussprache. Frau Poniatowska ist anders als ich sie mir vorstellt habe: jünger, ungezwungener, direkter. Ein paar Tage zuvor habe ich mit Adolfo Jilly telephoniert, in der Hoffnung, er wäre der Besitzer von Mellas Totenmaske. Er hatte nicht viel mehr zu sagen, als ich bereits wußte, doch er nannte mir eine Reihe neuer Namen und Adressen. Über die Poniatwoska sagte er halb im Ernst, halb im Scherz: »Sie kannte Vidali und fand ihn äußerst interessant, ja, sie war geradezu fasziniert von ihm. Das mag dir eine Vorstellung davon geben, wie sie mit dem Thema umgeht . . . «

Frau Poniatowska zeigt mir ihre bisherige Arbeit, drei Stapel von maschinenbeschriebenen Blättern, die mich tief in den Sessel hinunterdrücken, und erzählt: »Ich lernte Vidali in Triest kennen; denn nach einem langen Briefwechsel hatte ich beschlossen, eine Reise nach Italien zu unternehmen. Ich hatte den Eindruck, mit einem liebenswerten, heiteren Menschen zu sprechen, der nicht mit giftigen Witzeleien und wenig zurückhaltenden Urteilen über ein paar Leute sparte, die in seinen Augen wenig darstellten. Aber stets in einer Atmosphäre von Herzlichkeit, ohne Groll über die Vergangenheit, im Gegenteil, mit liebevollen Empfindungen für viele, die er auf seinem Lebensweg getroffen hatte. Einem Anflug von Bedauern in der Stimme, ja in einer Geste, in einer Erinnerung . . . Nun ja, er war bereits über achtzig . . . «

Sie erhebt sich, um den Kaffee zu bringen, und versucht mich zu etwas Süßem zu überreden: »Das hier heißt *Garibaldi*, eine mexikanische Spezialität.«

Als ich ihre Arbeit durchblättere, winkt sie ab. »Ich habe keine Ahnung, wie lange ich noch brauche, um das Buch zu fertigzustellen. In der letzten Zeit haben sich zu viele Verpflichtungen angesammelt, und

Die Schriftstellerin Elena Poniatowska

ich mußte es zur Seite legen. Ich jedenfalls respektiere Vidali und viele andere Persönlichkeiten, die den Lebensweg von Tina Modotti gekreuzt haben. Bei mir wirst du nichts von den verworrenen stalinistischen Zänkereien finden. Ich wollte mich nicht damit befassen, das war nicht mein Gebiet, es interessierte mich nicht. Letztendlich ist es ja doch nur ein Roman. Jahrelang habe ich an der genauen Rekonstruktion von Milieus, Dialogen und Charakteren gearbeitet und eine imponierende Reihe von Daten und Aussagen von Zeitzeugen zusammengestellt. Aber das alles hat einen sehr persönlichen Anstrich, weil ich versucht habe, die private, leidende, leidenschaftliche Tina sprechen zu lassen. Ich wollte die Konturen und Gedanken einer Frau nachzeichnen, deren Leben durch den Tod von Mella, des Mannes, den sie mehr als jeden anderen Menschen geliebt hatte, zerbrach.«

Welche Erinnerungen hat sich Vittorio Vidali an Tina bewahrt? Frau Poniatowska nickt vielsagend, antwortet jedoch umstandlos.

»Damals hielten sie alle für eine Hure, eine stets verfügbare, unmoralische Frau. Nicht einmal Vidali machte auf mich den Eindruck, daß er besonders zartfühlend zu ihr gewesen wäre. Für ihre Photos hat er sich nie interessiert, er war ein Mann der Tat, ein Abenteurer, ich glaube, jede Art der Kunst und des Denkens war für ihn Zeitvergeudung. Er beschrieb mir Tina als Fanatikerin, zu hart und streng für den Geschmack eines offenen, heiteren Mannes, der Wein und große Gelage im Freundeskreis liebt. Vidali berichtete von häufigen Diskussionen, in denen Tina sich hart und unnachgiebig zeigte und stur auf ihrer Meinung beharrte. Kurzum, so wie er redete, hätte man glauben mögen, einzig und allein er sei ein echter Antistalinist gewesen.«

Ich schenke mir eine zweite Tasse Kaffee ein; daß der alte Revolverheld soweit gehen würde, hätte ich nicht erwartet; in seinen Büchern hatte er sich wenigstens bemüht, alten Groll nicht zu deutlich werden zu lassen . . .

»Bei ihrem zweiten Aufenthalt in Mexiko schien Tina sich zu verstecken: sie ging allen ehemaligen Freunden aus dem Weg, schuf sich einen neuen, kleinen Kreis von Bekannten, die nichts mit den einstigen Genossen zu tun hatten. Ich glaube, ein guter Teil von ihnen entdeckte erst nach ihrem Tod, daß sie Tina Modotti war, denn sie ließ sich *Maria* nennen. Vielleicht waren dabei auch Sicherheitsgründe im Spiel, vielleicht befürchtete sie eine zweite Ausweisung; aber vor allem wollte sie ihrer eigenen Vergangenheit entfliehen und allen, die sie 1929 gekannt hatten.«

Sie reicht mir ein gebundenes Heft voll von Briefen, Photos, Ansichtskarten und losen Blättern. »Hier sind die Daten, auf denen ich den Entwurf meines Buches aufgebaut habe, vorausgesetzt, es wird noch fertig.«

In dem die Reise nach Triest betreffenden Teil finde ich zahlreiche Bilder von Vidali als Achtzigjährigem, kurze Sätze in Anführungszeichen daneben, die Worte eines alten Mannes, der dem Leben huldigt, ohne Trübsinn, weil er es verlassen muß. Da seine Gegenwart melancholisch, leer und still ist, widmet er den wenigen, die sich für seine Vergangenheit interessieren, freundliche Aufmerksamkeit. Wer sein Leben lang nur auf eigene Kraft und eigene Schläue vertraut hat, um den nächsten Tag zu erleben, und so Monate und Jahre verbringt, dem muß das Alter wohl wie eine Strafe oder eine Buße erscheinen.

Ein Photo berührt mich besonders, Vidali von hinten, vor einem großen schmiedeeisernen Tor, auf einen Stock gestützt, den Kopf wie zum Gruß leicht zurückgewandt: als zeige es den erzwungenen Abgang eines Menschen, der sich mit dem einzigen Gesetz hat abfinden müssen, das auch Pistolenschüsse nicht bezwingen können. Welche Verbrechen dieser Mann auch begangen haben mag, über die Distanz von vierzig Jahren ist es unmöglich, ihn noch zu hassen. Vidalis Memoiren strotzen vor Lügen, das ist die einzig belegbare Wahrheit. *Commandante Carlos* schrieb sie, als er so alt war wie auf diesem Photo jetzt. Ganze Kapitel befassen sich einzig mit dem verzweifelten Wunsch, die eigene Unschuld zu beweisen, wobei er letztlich oft Details anführt, die Vorwürfen gegen ihn neue Nahrung geben. Wenn man eine von Schuld belastete Vergangenheit nicht akzeptieren kann, bleiben nur zwei Möglichkeiten: entweder in eine Phantasiewelt abzugleiten oder der feste Glaube, man habe diese Vergangenheit niemals gelebt.

»Hier sind Namen und Telephonnummern von Leuten, die Tina und Vidali gekannt haben.«

Ich reiche ihr das Heft zurück. Beim Durchblättern nennt sie Namen, nicht ohne gleich hinzuzusetzen: »Der ist auch tot.« Innerhalb weniger Minuten zeigt sie mir eine Reihe von Todesanzeigen: Pablo O'Higgins, Gabriel Fernandez, Miguel Corvarrubias, Lupe Marín, Gustavo Ortiz Hernán . . . »Juan de la Cabada! Der ist vor zwei Monaten gestorben, und der hatte einiges zu erzählen . . . Da wäre Alvarez Bravo, aber der will nicht über die Zeiten von damals reden. Mit Angelica Arenal, der Witwe von Siqueiros, versucht man's besser nicht, denn der ist mittlerweile kaum noch klar, wo sie sich befindet. Hier, Ninfa Santos könnte etwas sein . . . Nur daß Vidali von ihr sagte, sie sei nichts weiter als eine alte Säuferin.« Je mehr von Vidalis Kommentaren sie erwähnt, desto deutlicher wird das Bild eines arroganten, stets zu pauschalen Urteilen neigenden Mannes.

»Fernando Gamboa, der ehemalige Direktor des Museums der Schönen Künste, sagte, er habe die Tina aus der letzten Zeit gut gekannt, aber Vidali versicherte mir, daß das nicht stimmt, Gamboa sei ein Lügner.«

Sie stöbert in anderen Heften, unter untröstlichen Klagen: »Wann werde ich nur die Zeit finden, alles zu Ende zu bringen? Außerdem gefällt mir überhaupt nicht, was ich bislang geschrieben habe ... «

Sie findet eine Telephonnummer, die mir sicher sehr weiterhilft, auch wenn sie nicht weiß, ob der Wohnsitz noch stimmt. »Den Namen Isabel Carbajal hast du bestimmt schon gehört?«

Die endlose Recherche ist inzwischen wie ein Labyrinth. Namen und Gesichter überlappen sich. Es passiert mir öfters, daß ich mich mehrmals für dasselbe interessiere.

»Isabel war während des letzten Aufenthalts in Mexiko Vidalis Frau. Mit ihr bekam er den Sohn Carlos. Aber es ist besser, du erwähnst Tina nicht: Sie kannte sie gut, aber wegen Tina blieb Isabel immer im Schatten. Alle sprechen von Tina und Vidali, für Isabel jedoch hat sich die offizielle Geschichtsschreibung niemals interessiert. Nicht einmal Vidali selbst erwähnt sie in seinen Memoiren, obgleich sie bereits zusammen lebten, als Tina starb ... «

Isabel Carbajal ist die Frau, die der italienische Staat als Witwe des Senators Vittorio Vidali anerkennt. Am Telephon versuchte sie mich auf jede Weise davon zu überzeugen, daß sie dem, was ich bereits wußte, nichts hinzuzufügen hätte, doch schließlich gab sie nach und sagte mir, wie ich zu ihr gelangen könne.

Im Salon von Isabel Carbajal nimmt gerade eine Gruppe Nordamerikaner Abschied von der Hausherrin. Außer Italienisch spricht Isabel auch perfekt Englisch. Als auch das Hausmädchen den Raum verlassen hat, wendet sie sich mir zu, nur um mich zu überzeugen, gleich wieder zu gehen.

»Was auch immer Sie über mein Leben mit Vidali wissen wollen, steht bereits in seinen Büchern. Wenn er wenig über mich gesagt hat, wüßte ich nicht, warum ich Einzelheiten, die er lieber verschwiegen hat, hinzufügen sollte. Schlechte Erfahrungen mit Journalisten hatte ich zur Genüge, und in Mexiko ist das ›Witwensyndrom‹ sehr verbreitet.«

Zum Glück lächelt sie dann jedoch unerwartet.

»Ich halte das für eine eher triste Sitte. In Mexiko möchte man stets die Witwen sogenannter großer Männer interviewen, und Sie können sich nicht vorstellen, was für einen dummes Zeug dabei herauskommt. Sie werden also verstehen, daß nicht auch ich ein Opfer dieses Syndroms werden möchte . . . «

Ich versuche, ihr zu erklären, daß ich schon mit Erinnerungen und Eindrücken, mit Bildern von Personen zufrieden bin, die sie damals kannte.

»Da gibt es wenig zu erzählen. Mein Leben bestand nur aus Arbeit, um die Familie durchzubringen, und der Rest war der Partei gewidmet. Für Privatleben gab es weder Zeit noch Raum.«

Ich wage es, ihre politische Arbeit an Vidalis Seite zu erwähnen. Sie legt den Kopf nach hinten und hebt die Hände, was wohl bedeutet, daß ich den wunden Punkt getroffen habe.

»Seit dem Tag, an dem ich aus der Partei ausgeschlossen wurde, bleibt mein Mund über diese Ereignisse verschlossen. Für immer. Ich kann Ihnen im übrigen nicht einmal sagen, ob die Gründe, die mir bekannt sind, diesen Beschluß tatsächlich bewirkten. Als ich an der Reihe war, traf es noch vierhundert andere . . . «

Ich beschließe, nunmehr alles auf's Spiel zu setzen, schlimmstenfalls wirft sie mich eben hinaus.

»Ich trat in die Partei ein, als ich im Hilfskomitee für die politischen Flüchtlinge Spaniens arbeitete, und lernte dort Vidali und Tina Modotti kennen. Wir halfen unseren Genossen, wir unterstützen sie im Alltagskampf, teilten das wenige, das wir besaßen, und die viele Arbeit; für's Privatleben blieb fast nichts mehr übrig. Aber die Partei hat eine Wunde in mir hinterlassen, die sich nie mehr geschlossen hat; sie sind mit vielen von uns, die wir alles gegeben hatten, einfach zu schlecht umgegangen. Und deshalb habe ich diese Jahre aus meinem Gedächtnis gestrichen und möchte sie nicht wieder aufrühren.«

Es hat keinen Sinn zu insistieren. Ich fühle mich unwohl und finde keinen Weg, um ihr Mißtrauen zu umgehen. Wenn ich auf Einzelheiten aus Vidalis Leben komme, die mir bekannt sind, die ich aber gern aus ihrem Mund hören würde, nagelt sie mich sofort fest: »Aber Sie haben ja seine Bücher nicht gelesen. Hätten Sie es getan, wüßten Sie Bescheid.« Um mich zu rechtfertigen, führe ich eine Reihe von Beweisen an und zeige, daß ich über diesen vielen tausend Seiten, aus denen die zehn Bände seiner Memoiren bestehen, fast schon zu viel Zeit verloren habe.

»Vittorio war ein unermüdlicher und äußerst disziplinierter Arbeiter. Bevor er sich hinlegte, zog er jeden Abend wer weiß woher ein paar Zettelchen hervor, auf denen er die Ereignisse des vergangenen und die Aufgaben des folgenden Tages notierte. Es war eine Art Tagebuch, das ich niemals habe lesen können, das aber auch die einzige Erklärung dafür liefert, wie er sich aus der Distanz so vieler Jahre an alle Einzelheiten seines Lebens erinnern konnte. Trotz allem jedoch habe ich nicht erlebt, daß er jemals seine gute Laune verlor. Auch in schlimmsten Zeiten fand er stets einen Anlaß, um ein Essen mit Freunden oder eine Trinkerei zu veranstalten.«

Ich frage, wie sie auf die Vorwürfe reagiert hat, die man ihm von allen Seiten machte. Ich glaube, ich drückte mich vorsichtiger aus, denn sie lächelt nur wegwerfend.

»Für uns wurde das zur Gewohnheit, er achtete überhaupt nicht darauf. Jedenfalls sprach er nie über die Vergangenheit, und mit mir schon gar nicht. Die wenigen Einzelheiten seiner unzähligen früheren Abenteuer erfuhr ich schließlich aus Treffen mit Freunden, da erzählte er die unterhaltsamsten Anekdoten. Traurige Geschichten kamen nie über seine Lippen, glaube ich. Und er sang, wann immer sich ihm eine Gelegenheit bot, vor allem mexikanische Lieder, die er sehr liebte. Seine Schwäche jedoch galt der guten Küche. Ich bin davon überzeugt, er hätte noch länger gelebt, wenn er sich beim Essen und Trinken mehr vorgesehen hätte. Ich erinnere mich, bei unseren letzten Treffen in Triest war es völlig unsinnig, ihm Ratschläge zur Gesundheit geben zu wollen. So diszipliniert er in der Politik war, so rebellisch war er gegen Diäten und Arzneien.«

Daß sie mir in bezug auf Jahreszahlen nicht behilflich sein könne, hatte sie mir bereits gesagt.

»In Triest lebte ich fast drei Jahre. Wenn Carlos 1942 geboren ist und sechs Jahre alt war, als wir nach Italien gingen, war es wohl 1948 . . . «

Zumindest an das Jahr ihrer Hochzeit müßte sie sich genau erinnern.

»Natürlich, 1942. Aber der Monat . . . naja, es war kurz nach Tinas Tod. Es dauerte länger als sonst, weil der Beschaffung der Unterlagen, die Vittorio benötigte, aufgrund der Kriegserklärung Mexikos an Italien beträchtliche Hindernisse in den Weg gelegt wurden. Mein Land hatte sich schließlich auf die Seite der Alliierten geschlagen, und Vittorio war Staatsangehöriger einer ›feindlichen‹ Nation.«

An die Jahre in Triest hat sie sich offenbar keine guten Erinnerungen bewahrt.

»Dort gab es ebenfalls viel zu tun. Vittorio engagierte sich im Kampf gegen die Titoisten, der vielen das Leben kostete. Meine Gesundheit machte mir ernstlich zu schaffen; das Klima war zu unterschiedlich, der Streß, eine ganze Reihe von Gründen zwangen mich dazu, den Entschluß zur Rückkehr zu fassen. Vittorio wollte aber nie so recht glauben, daß dies wegen meiner Gesundheit geschah. Natürlich bin ich noch sehr oft nach Italien gereist, das letzte Mal ein paar Monate vor seinem Tod.«

Zu meinem Glück hat sie Tina bereits erwähnt, ohne daß ich darauf kommen müßte.

»Tina kannte ich gut, natürlich, aber nur in Mexiko, in den letzten Jahren. Sie war ein Schatten dessen, was sie früher einmal gewesen sein mußte. Ihre natürliche Schüchternheit hatte sich noch verstärkt, eine erloschene Frau, die stets die Angst quälte, sie könne wieder in die Zeitung kommen. Sie mied alle, die sie bei ihrem ersten Aufenthalt in Mexiko gekannt hatte, und verkehrte in einem Freundeskreis, der sich auf die wenigen beschränkte, die nichts von ihrer Vergangenheit wissen wollten. Aber trotz der Wunden, die sie in sich tragen mußte, ließ sie niemals etwas durchscheinen, wenn sie in Gesellschaft war. Sie war stets hilfsbereit und freundlich, mit ihrem leicht melancholischen, aber herzlichen Lächeln ... Niemand von uns hatte ihre Krankheit bemerkt und ihr Tod war für uns alle ein harter, ein unerwarteter Schlag. Vittorio erfuhr es dazu noch von einem Journalisten, der sich am folgenden Morgen in die Calle Dr. Balmis begab. Vidali glaubte, sie hätte in der Wohnung von Hannes Meyer übernachtet, nach dem Abendessen, das er früher verlassen hatte, weil er an der Zeitung eine Arbeit zu beenden hatte. Es so zu erfahren, war wohl furchtbar ... «

Die Zeitungen rätselten lange, wohin und warum *Carlos Contreras* verschwunden war.

»Für Vittorio war es gefährlich, festgenommen und verhört zu werden, das erlaubte seine Parteiaktivität nicht. Deshalb suchte er in der Wohnung eines spanischen Genossen Zuflucht und wartete dort ab, daß diese schändliche Pressekampagne abflaute. Aus Sicherheitsgründen war es nicht einmal möglich, sich ins Krankenhaus zu begeben.«

In meinem langen Gespräch mit Elena Poniatowska war aber doch deutlich geworden, daß Vidali für Tina kein einziges Mal Zuneigung geäußert hatte, weder für die Frau noch für die Kampfesgenossin. Isabel Carbajal fährt fort.

»Er sprach niemals über sie. Nicht ein einziges Wort über sie in all den Jahren, die er mit mir verbrachte. Dann, als er auf die achtzig zuging, begann er ganz plötzlich oft von ihr zu sprechen, auch zuviel, bedenkt man sein langes Schweigen. Vielleicht, weil er an dem Buch über sie schrieb... Aber mich und meinen Sohn hat das einigermaßen verwundert.«

Sie steht plötzlich auf, als wolle sie einen mißliebigen Gedanken verscheuchen.

»Kommen Sie, ich zeige Ihnen das letzte Photo, das ich von Vidali aufbewahre.«

Ich folge ihr in ihr Zimmer. Auf gläsernen Konsolen im Halbkreis zahlreiche Büsten en miniature: Marx, Lenin, Engels... und überall gerahmte Photographien, darunter eine von Ché und wenigstens vier von Fidel Castro.

Vidalis Photo ist das größte. Er sitzt auf einer kleinen Bank und lächelt etwas gezwungen.

»Sehen Sie, wie dick er geworden war? Man konnte ihm das Ende schon ansehen...«

Der Maler Wlady Kibalchich, Sohn von Victor Serge, in seinem Atelier in Mexico-City

13

Erst einen Tag vor seiner Abfahrt nach Managua erreichte ich Wlady Kibalchich am Telephon; eine Woche später sollte ich ihn dann treffen, auf dem Ersten Internationalen Buchfestival. Wlady war gerade mit den letzten Vorbereitungen für ein gigantisches Wandbild am Palacio Nacional beschäftigt, einer Ehrengabe der mexikanischen Regierung an die sandinistische Revolution. Bis zu diesem Tag kannte ich nur die Fresken in der Bibliothek Miguel Lerdo de Tejada, der größten im Zentrum von Mexico-City: ein Saal, groß wie ein Platz, wo ich minutenlang zwischen den apokalyptischen Farben herumirrte, die die Wände, die an gotische Kathedralen erinnern, in eine halluzinatorische Dimension schleudern. Und noch immer ist mir unvorstellbar, wie ein einziger Mann den Wirbel von Gestalten entwerfen konnte, die Hunderte von Quadratmetern bedecken; in einer Ecke ein paar Erinnerungszeilen an seinen Vater Victor Serge, eine Ehrung mehr für den Revolutionär, der zahllose Schriften und viele offene Fragen hinterließ.

Der Palacio Nacional erhebt sich auf einer Ebene, dem einstigen Mittelpunkt Managuas. Auf der dem See zugewandten Seite ist noch immer die Ruine der Kathedrale mit der Uhr zu sehen, die damals, am Abend vor Weihnachten 1972, zwanzig Minuten nach Mitternacht stehenblieb. Das Erdbeben verschonte das Hotel International, den Wolkenkratzer der

Bank of America und das Theater Rubén Darío, das Somoza einem nordamerikanischen Vorbild nachbauen ließ.

An dem vage neoklassizistischen Säulengang des Regierungspalastes hängen große Porträts von Sandino und Carlos Fonseca, dem nur ein Jahr vor der Befreiung ermordeteten Gründer der sandinistischen Front; Sandinos Bild ist durch die Sonne verblaßt, ein gutmütiger Gesichtsausdruck, im Blick subtiler Sarkasmus; das andere zeigt in Harmonie vereint Intelligenz und jugendliche Unschuld, die himmelblauen Augen, denen das Herausfordernde fehlt, das einem Guerillageneral gemäß wäre, verlieren sich in einem Punkt weit oben. Am Eingang steht ein Soldat, eine alte Kalaschnikow über der Schulter; ich frage nach dem Künstler aus Mexiko, er lächelt und tritt nach oben weisend zurück. An der linken Wand steht ein mindestens fünfzehn Meter hohes Gerüst, auf dessen obersten Steg sich ein halbes Dutzend Leute befinden. Wlady hockt ruhig auf einem Trägerbalken, im Kreis von Mitarbeitern, die ihm Wasser und Farbe reichen. »Komm rauf«, ruft er schulterzuckend, eine Geste, die mir wohl bedeuten soll, wie leicht man hinaufkommt. Ich verliere für Sekunden die Fassung und suche nach einer Ausrede; als er mich mit beruhigendem Lächeln noch einmal auffordert, entschließe ich mich zum Hinaufklettern. Es gibt keine Leiter, nur Bretter und Pfähle, an denen man sich festklammern muß, um das oberste Brett zu erreichen.

Die Arbeit steht am Anfang, das heißt noch sind nur wenige Meter Decke bemalt. Wlady ist damit beschäftigt, einen Entwurf zu studieren, und ab und zu reißt er sich davon los, um große Pinselstriche über die Wand zu ziehen. Für mich ist Wlady unverkennbar, auch wenn ich ihn unter vielen Leuten treffen würde: das seitlich geknöpfte Hemd, ein russisches Barett, das an einige Photos von Trotzki erinnert, als der schon nicht mehr die Uniform der Roten Armee trug. Niemand würde ihn für einen Mexikaner halten, und in diesem Hang zu einem untergegangenen Bild von Sowjetrußland manifestiert sich auch die Verehrung eines Vaters, dem die Geschichte nicht soviel gab wie er ihr. Ich warte, bis Wlady den Entwurf einer Figur beendet hat, die durch die Nähe nicht zu erkennen ist, fühle mich hier oben unwohl und auch etwas lächerlich, so an das schwankende Brettergerüst geklammert wie ein Affe. Eine Vorstellung ist überflüssig, beim ersten Blick läßt er den Pinsel fallen und drückt mir herzlich die Hand. Ich erkläre ihm so knapp wie möglich, woran ich arbeite, und er beginnt, über alles mögliche zu reden, mit kurzen Unterbrechungen, in denen er das Werk auf der feuchten Mauer begutachtet.

Dann wendet er sich zu den jungen Leuten um ihn herum: »Seht ihr? Gerade haben wir uns kennengelernt und schon reden wir miteinander, als ob wir uns seit Jahren kennen würden. Wir sind alle vom selben Schlag... In welchem Winkel der Welt wir aufeinander treffen, stellt sich Vertrauen her.« Dann bemüht er sich, deutlich zu machen, wer *wir* sind. *Internationalismus* genügt nicht, das ist ein Begriff, der in der Geschichte zu sehr mißbraucht wurde. »So sind wir halt«, schließt er, ohne noch mehr Zeit darüber vergeuden zu wollen.

Ich versuche es von neuem und spreche über Victor Serge, über das Mexico-City von Mella und Vidali, und jedesmal ereifert er sich, um wieder zu verstummen, als wolle er zeigen, wie absurd es sei, hier oben nach Erinnerungen zu suchen; zu seinen Mitarbeitern gewendet bemerkt er, daß dünnere Bretter durchgebrochen wären, während diese hier die Last problemlos halten, und dann zu mir, ein alter Freund von ihm bewahre Mellas Todesmaske auf. Er bittet um mehr Wasser, die Farbe läuft die Wand hinunter und zieht rote Streifen von einem halben Meter Länge über den grauen Grund. Ich habe den Eindruck, das Interview sollte wohl besser auf einen angemessenen Ort, eine passendere Zeit verschoben werden, und Wlady antwortete sofort: »Ich glaube, das ist für alle besser, ich werde allmählich unkonzentriert und verpfusche womöglich noch alles.« Beim Hinunterklettern zwinge ich mich dazu, vor den bewundernden Zuschauern unten möglichst sicher zu erscheinen.

Wir sehen uns erst nach eineinhalb Monaten in Mexico-City wieder, denn er ist auf Reisen und ich auch.

»Wo hast du denn gesteckt?«

Die Haare zum unvermeidlichen Schwänzchen gebunden, das russische Hemd nun nicht mehr aus groben Twill, sondern aus feinster Seide, so empfängt mich Wlady in seinem großen Haus im Süden von San Angel, dort, wo die Metropole grüner und ruhiger ist als eine kleine Kolonialstadt. Pugatschow, der neugierige Schäferhund, beschnuppert mich gründlich, bis unsere Begrüßung ihn vollständig beruhigt. Als wir es uns dann vor dem auf den Garten hinausgehenden Fenster bequem machen, streckt er sich zu meinen Füßen aus, mich zum Willkommen großzügig ableckend.

Wlady fragt sofort, was für einen Eindruck Nicaragua auf mich gemacht habe; ich bemühe mich, optimistisch zu urteilen, jedoch ohne den Enthusiasmus anderer Diskussionen; Wlady nickt zustimmend und blickt mich dann prüfend an: »Denselben Eindruck hatte ich auch.« Das von einem zu hören, der die Menschenschlächterei der radikalsten Revolutionen dieses Jahrhunderts erlebt hat, weckt in mir wieder die in den leeren achtziger Jahren verdrängte Lust zum Gespräch.

»Ja, sie haben etwas zustandegebracht, das in der Geschichte einzigartig ist«, sagte er, springt plötzlich auf und fängt an, im Zimmer herumzulaufen. »Es lohnt sich, ihre Entwicklung genau zu verfolgen, und alles zu tun, auch wenn es wenig ist, was wir von außen vermögen; das Schöne ist, daß sie von niemandem Ratschläge brauchen, sie sind ja weiter als alle anderen. Ich mache mir natürlich schon seit geraumer Zeit keine Illusionen mehr, denn meine Erfahrungen und die Geschichte, zu der ich gehöre, haben mir jede Neigung zu gedankenlosen Hoffnungen ausgetrieben; und doch habe ich in Nicaragua etwas wirklich Neues, Anderes kennengelernt . . . Im Grund haben sie das Schlimmste schon hinter sich; wenn sie bis heute noch nicht alles ruiniert haben, wenn es ihnen gelungen ist, bürokratische Rückentwicklungen zu verzögern, heißt das, daß unser Optimismus mehr als gerechtfertigt ist.«

Wlady fragt, ob ich einen der dichtenden Kommandanten der Frente persönlich kennengelernt habe, und ich nenne als ersten Tomás Borge: der *Dia de la Alegria* in einer Tafelrunde, auf der mindestens ein Dutzend Sprachen herumschwirrten, seine Rede auf einem Platz, auf dem sich ganz Matagalpa zusammendrängte, in den Bäumen Kinder, die »Tomás« schrien, und Tomás, der bei den ersten Regentropfen mit denen scherzte, die riefen, der Regen könne ein Fest niemals im voraus beenden; und sein Innenminister, umgetauft in *Sentinella de la Alegria del Popolo**, der mit seinem weltweit einzigartigen Bestrafungssystem gezeigt hat, daß

* Wachtposten der Freude des Volkes

Gefängnisse nicht unverzichtbar sind. Wlady ist äußerst interessiert und möchte über alles, was er noch nicht hat sehen können, jede Einzelheit wissen. »Ja, was sie zustandegebracht haben, ist so großartig, daß es kaum begreifbar ist, aber wir wissen, daß wenig genügt, um alles ins Rollen zu bringen. Vor ein paar Tagen war ich mit Daniel Ortega essen und habe klar und deutlich gesagt: Ihr habt viel geschafft, aber jetzt kommt der schwierigste Moment. Ein Fehler, und eine ganze Revolution geht zum Teufel. Und weißt du, was er geantwortet hat?« Er unterbricht sich und blickt mich an. »Ich kann seine Geste nicht nachahmen, aber er legte die Hände so vorsichtig zusammen, als halte er ein zartes Pflänzchen, und sagte leise zu mir: ›Wir schützen sie.‹ «

Einen Moment lang ist er abwesend, dann schüttelt er sich: »Gut, kommen wir zu deiner Arbeit. Ich möchte gleich klarstellen, daß ich über nichts rede, was ich nicht beweisen kann. Mein Vater hat mir ein großes Erbe hinterlassen: du sollst nie der Versuchung erliegen, Mutmaßungen zu schüren oder unbewiesene Wahrheiten als Fakten auszugeben.«

Sowohl das, was er mir sagen kann, als auch das Material, das ich bisher gesammelt habe, stützt sich nur auf Schlußfolgerungen. Beweise, falls es je welche gab, und Zeitzeugen, wenn sie überhaupt zur Auseinandersetzung mit dem, woran sie ein ganzes Leben lang glaubten, bereit wären, sind seit langem verschwunden. Zumindest würde ich gern seine Version über Victor Serges Tod erfahren; ich weiß, daß Wlady im Lauf der Jahre von der offiziellen Darstellung über das Ende seines Vaters abgerückt ist.

»Da war einer seiner besten Freunde, Juan Carlos de Negri, mexikanischer Botschafter in Rußland, Spanien und Belgien ... Er war auch in einigen Regierungen Minister, auch in der von Portes Gil, das heißt 1929, als Mella ermordet wurde. Beim Tod meines Vaters gehörte er zu unseren engsten Freunden, und ich kann dir nur wiedergeben, was er sagte: *Wlady, es tut mir leid, und ich möchte es dir als seinem Sohn eigentlich nicht sagen, aber ich glaube nicht an einen Herzschlag.*«

Ich frage, wo Victor Serge starb.

»In einem Taxi, genauso wie Tina Modotti, und es gab dieselben offiziellen Verlautbarungen. Nur fünf Jahre später, 1947.«

Er blickt mich an, eine Reaktion erwartend, und folgert dann schnell: »Es ist völlig sinnlos, dieser Tendenz zur Verklärung von Personen und Ereignissen einer Epoche, deren Atmosphäre und deren Verhältnisse man sich nicht mehr vergegenwärtigen kann, neue Nahrung zu geben. Das hat mein Vater immer vertreten, und vielleicht war es seine beste Eigenschaft: jede Art von Exhibitionismus zu vermeiden, sich jeder Form der Mythisierung zu entziehen. Sicher, alle wahren Freunde Mellas haben jahrelang behauptet, stalinistische Mörder hätten ihn getötet, aber der Fall meines Vaters liegt anders. Ich habe einem ärztlichen Gutachten vertraut, den Worten eines Arztes, der meinte, mein Vater sei seit geraumer Zeit herzkrank gewesen. Es hätte viele Jahre später geschehen können, er hätte auch noch weitere zehn oder zwanzig Jahre lang leben, aber auch schon am nächsten Tag sterben können. Ich möchte sein Ende nach wie vor ohne Mythisierungen sehen, das ist eine stalinistische Erblast, ich möchte seinen Tod mit der Selbstverständlichkeit sehen, mit der ich bis heute sein moralisches und politisches Erbe angenommen habe. Mein Vater sagte, für mich wäre es auf jeden Fall anders, ein Maler dürfe der Öffentlichkeit gegenüber nicht so scheu und distanziert sein wie er es war. Ich glaube jedenfalls, daß ich seiner Moral immer treu geblieben bin.«

Nichts an dem, was er sagt, hat einen falschen Ton. Ich frage, was er über den Tod von Trotzkis Sohn denkt. »Da gibt es keinen Zweifel; er wurde vergiftet, und die Version, die von ›natürlichen Todesursachen‹ sprach, konnte sich nicht lange halten.«

Er geht zum Fenster und schaut hinaus in den Garten; zwischen den Büschen steht die mannshohe Figur des *verstoßenen Propheten.*

»Weißt du, daß mein Vater sich gerade damit beschäftigt hat? Jagoda besaß ein hochraffiniertes, experimentelles Labor für Gifte, die den Anschein natürlicher Todesursachen wahrten. Einer Herzattacke beispielsweise. Man warf ihm sogar Gorkis Tod vor.« Er schüttelt den Kopf, lächelt: »Das alles gilt natürlich auch für Tina Modotti, und vielleicht auch für Victor Serge ... Aber genau so möchte ich nicht reden.«

Er läuft wieder auf und ab, die Hände in den Taschen.

»All diese Mutmaßungen, die wir nach so vielen Jahre anstellen können, sind unwichtig, das mußt du begreifen. Wichtig ist nur, daß wir uns eine Vorstellung davon machen können, in welchem Klima sich das alles ereignete. Damals konnte man einen politischen Feind mit außerordentlicher Leichtigkeit ermorden und im nachhinein auch einen Vorwurf liefern. Soll ich dir ein Beispiel geben? Ein paar Jahre, bevor Siqueiros starb, trafen wir uns im Fernsehstudio, um ein Bild von ihm zu präsentieren. Das Bild hieß Christus als Guerillero, ich glaube, es ist im Vatikan gelandet. Anwesend waren Jesuiten, einer von rechts und einer von der Theologie der Befreiung, darüber hinaus ein paar Kritiker und ich, der Kollege und politische Feind zugleich. Gut, es war so, daß wir schließlich ein paar Minuten allein zusammen waren, und da konnte ich nicht widerstehen. Du kennst natürlich die Geschichte des ersten Attentats auf Trotzki, das schief ging . . . «

Ich habe das in ein Museum umgewandelte Haus in Coyoacán auf einer meiner früheren Reisen besichtigt. An den Wänden des kleinen Zimmers, in dem Trotzki und seine Frau schliefen, kann man noch die Einschläge des Kugelhagels sehen, den Siqueiros vom Fenster her im Dunkeln abfeuerte, ohne daß es ihm gelang, das Bett zu treffen.

»Kurzum, ich habe zu ihm gesagt, jetzt, wo uns niemand hören kann, wirst du mir vielleicht sagen, warum du dich dafür entschieden hattest, Trotzki zu erschießen? Nach welchen Kriterien hast du das Attentat organisiert? Und weißt du, was er antwortete? *Ich wußte überhaupt nicht, wer er war, ich wußte nicht, um wen es sich handelte.*«

Wlady beobachtet mich: »Ja, ich glaube, ich reagierte so wie du. Dann kam Siqueiros dicht zu mir her, blickte mich fest an und murmelte: *Du mußt begreifen, was ich dir jetzt sage. Ich habe im Gefängnis, nach der Verhaftung, zum ersten Mal eine Schrift von Trotzki gelesen. Bis dahin habe ich nichts über ihn gewußt. Man lebt in einem Kreis von Genossen, man arbeitet für die Partei und hat mit Leuten Umgang, die den ganzen Tag lang über einen Verräter reden, über einen Feind der Revolution, und so wird die Sache größer und größer und überschreitet jedes reale Maß. Einen Feind tötet man, und wenn du an etwas glaubst, fängst du an, darüber nachzudenken, auf welche Weise. Das ist alles.* Vielleicht erklärt dir das besser als alles andere, was ich meine, wenn ich von ›Klima‹ spreche.«

Er nimmt ein uraltes Büchlein von der Machart einer Parteibroschüre aus dem Regal. Auf dem Umschlag ist eine Art tückischer Baumstamm zu sehen, die Wurzeln tief in die Erde versenkt, auf dem Stumpf Trotzkis Kopf... Die Äste winden sich schlangengleich, und auf jedem steht ein Name: Regler, Pivert, Munis, Gorkin, Victor Serge.

»In den letzten Jahren lud mich Siqueiros öfter zu sich ein, bat mich bei verschiedenen Anlässen um ein Treffen und bemühte sich, mit mir zusammen Abende zu verbringen, als wären wir alte Freunde. Was sollte ich tun? Hatte ich es noch mit demselben blinden Fanatiker wie vor dreißig Jahren zu tun?«

Ich frage, ob er den Eindruck hatte, Siqueiros wolle an diesem Punkt seiner Vergangenheit abschwören, oder ob er zumindest etwas von jenem Schmerz empfunden hätte, den jemand spürt, der die Geschehnisse von einst mit anderen Augen betrachtet und ehemalige Feinde aufsucht, um ein starkes Schuldgefühl zu beschwichtigen. Wlady lächelt und breitet die Arme aus.

»Diese Schlüsse mußt du ziehen. Ich beschränke mich darauf, dir Fakten zu berichten. Und dazu gehört auch die Haltung, die ich einnahm, als Siqueiros im Gefängnis saß. Es gab eine Unterschriftensammlung unter bekannten Persönlichkeiten in Kultur und Kunst; wir dürfen nicht vergessen, daß Siqueiros damals sehr erfolgreich war, deshalb bat man schließlich auch mich um eine Unterschrift. Sie wollten die Unterschrift des Malers, aber natürlich hätte in den Augen aller politischer Gegner der Sohn von Victor Serge unterzeichnet. Nun, ich unterschrieb nicht, und außerdem verfaßte ich eine Erklärung für die Zeitungen, in denen ich vertrat, daß er als Künstler im Gefängnis bleiben könne, da er die Aufmerksamkeit, die er sich erworben hatte, überhaupt nicht verdiene, während er als politischer Gefangener denselben Status genießen solle wie einige Gewerkschaftler, die zu dieser Zeit im Gefängnis saßen und deren Freilassung man lautstark forderte. Ich schloß mit der Erklärung, dies müsse aus den gleichen Gründen auch für Siqueiros gelten. Es kostete mich viel, und ein alter Genosse der POUM brach mit mir. Auch das gehörte zum ›Klima‹. Stell dir vor, daß ein Kunstkritiker, dessen Namen ich nicht nennen möchte, der seinerzeit in der GPU war, mich mit allen nur denkbaren Vorwürfen überhäufte und sogar so weit ging zu behaupten, ich sei ein CIA-Agent, und bei einer anderen Gelegenheit, das FBI unterstütze mich; ich weiß, das ist lächerlich, aber so war es, und zwar für ziemlich lange Zeit... Also, eines Tages, vor ein paar Jahren, liefen wir uns auf einer Ausstellung über den Weg, und er legte mir eine Hand auf die Schulter und lud mich zu einer Tasse Kaffee ein. Ich erstarrte. Schließlich fragte ich ihn direkt: wenn du schon so viel Schlamm über mich ausgeleert hast, sag mir wenigstens, warum. *Was willst du*, sagte er schulterzuckend, *wir waren nur religiöse Fanatiker. Stalin war eine Religion, er war das Wort, und jeder, der sich ihm in den Weg stellte, wurde attackiert und zum Schweigen gebracht.* Man ging ja sogar so weit, die Kinder seiner ›Feinde‹ umzubringen. Ich glaube, zum Tod von Leon Sedow, Trotzkis Sohn, kann ich mich offener äußern. Der Historiker Broué zweifelt die Mordthese sehr stark an. Er nahm sich den Arzt vor, der Sedow operiert hatte, und fand heraus, daß dieser völlig unfähig war.

Aber ich glaube das nicht, wie nebenbei fast niemand von denen, die sich für den Fall interessiert haben. Die Fakten sind folgende: Sedow lebte bereits sehr isoliert, er verkehrte in einem sehr engen Freundeskreis, und der einzige, dem er sich anvertraute, war Zborowski, den damals alle als Etienne kannten. Sein wahrer Name wurde bekannt, als sich herausstellte, daß er ein GPU-Agent war. Sedow hatte eine Blinddarmentzündung und beschloß, alle Arten von Vorsichtsmaßnahmen zu ergreifen, so daß nur Sborowski wußte, in welchem Krankenhaus er sich operieren lassen wollte. Der Eingriff gelang problemlos, das beweisen auch die Unterlagen der Klinik. Zwei Tage später wurde Sedow um Hilfe röchelnd auf dem Gang gefunden. Kurz darauf starb er; von diesem Moment an war Sborowski spurlos verschwunden. Wir erfuhren später, daß er nach vollendeter Mission nach Moskau zurückgekehrt war. Überdies entdeckte man, daß das von Sborowski empfohlene Krankenhaus von Weißrussen geleitet wurde, das heißt von Leuten, die nach dem Sieg der von Trotzki geführten Roten Armee aus dem Land gewiesen worden waren... Eine eigenartige Vermischung von Interessen, für die Machenschaften stalinistischer Agenten jedoch überhaupt nicht neu. An diesem Punkt nun kommen die raffinierten Gifte aus Jagodas Labor ins Spiel. Aber auch Sborowski drückte im Lauf der Jahre die Last seiner Taten mehr und mehr. Er machte sich auf die Suche nach Verwandten von Opfern des

Stalinismus, und in New York fand er die Frau von Reiss. Sie weigerte sich, ihn zu treffen und ließ ihn wissen, sie wünsche nichts zu sagen und schon gar nichts zu hören, aber Sborowski gelang es, mit ihr zu sprechen, indem er direkt in ihrer Wohnung vorstellig wurde. Das einzige, was sie mir von diesem quälenden Gespräch mitteilte, war der Satz: *Sedows Tod stellte für mich eine enorme Befreiung dar; ich hätte diesen entsetzlichen Druck nicht länger ertragen können.* Was das heißen sollte, können wir uns nur vorstellen. Niemand wird je die Geschicklichkeit der Agenten beschreiben können, deren Aufgabe es war, einen gedungenen Mörder bis zur Vollendung der ihnen aufgetragenen Mission ›anzuleiten‹. Über Sborowski gibt es ein paar unanfechtbare Daten: die eingestandene Zugehörigkeit zur GPU, die sofortige Flucht nach Moskau, und daß er ein Gefühl tiefer Freundschaft zu demjenigen, der sein Opfer werden sollte, gehegt und gepflegt hatte.«

Wlady schweigt minutenlang und kommt dann auf die Person zurück, die mich am meisten interessiert.

»Vidali versuchte es auch bei meinem Vater. Er war ein grober Mensch und glaubte, alles mit der Pistole lösen zu können, aber ab und zu traf er auch jemanden, der es verstand, den Spieß umzudrehen. Es gibt einen alten Freund, der es auf sich genommen hatte, ihm diesen Gefallen zu tun, falls Vidali es wieder versucht hätte.«

Ich warte auf den Namen, und als ich mich dazu entschließe nachzufragen, antwortet er sehr formell.

»Ich kann mit ihm sprechen und sehen, ob er bereit ist, sich mit dir zu treffen, denn ich habe nicht das Recht, ihn ins Spiel zu bringen.«

Er geht ans Telephon und blättert in zwei, drei Notizbüchern. »Wenn ich ihn antreffe, frage ich sofort.«

Herzliche Begrüßungen unter alten Freunden, die sich schon lange nicht gesehen haben, dann Neuigkeiten über Nicaragua, den Sandinismus, und ein knapper Bericht über unser Gespräch darüber. Endlich kommt er zum Thema und spricht besser über mich, als ich verdiene, offenbar, um jemanden zu überreden, der alles andere als gesprächsbereit zu sein scheint. Zuerst kommt eine Absage, oder vielleicht ist es nur Unschlüssigkeit, und Wlady erhöht die Dosis der Wichtigkeit meiner Arbeit. Schließlich reicht er mir den Hörer.

Der Mann hat mit Sicherheit bereits ein sehr hohes Alter erreicht, ist aber keineswegs hinfällig. Mit lauter Stimme unterbreitet er mir die klinische Beschreibung seines schwankenden Gesundheitzustands, als Rechtfertigung dafür, daß wir uns wahrscheinlich nie kennenlernen werden. Er legt Wert darauf, mir seine Überzeugungen, die eines verwegenen Jünglings würdig sind, dem Bedenken überflüssig erscheinen, und sein Bedauern darüber darzulegen, nicht mehr an der Seite vergangener Freunde für zeitlose Ideale kämpfen zu können; leider kann ich ihm nur das Versprechen abringen, mich in den nächsten Tagen anzurufen, falls ihm seine Krankheit Waffenruhe gewährt.

AIZ-Titel von 1932 mit der Mella-Photographie von Tina Modotti

14

Jorge übergibt mir die Fotokopien eines in *Criticas de la Economia Politica* erschienenen langen Artikels des Historikers Alejandro Galvez Cancino. Eine Biographie von Mella, die sich insbesondere mit dem internen Meinungsstreit der kommunistischen Partei Mexikos in den zwanziger Jahren befaßt.

Ich kehre erst sehr spät ins mittlerweile mit Papier, Büchsen und Kippen übersäte chaotische Zimmer 207 des Hotels Imperial zurück. Die Freunde des Taxifahrers haben unten mit ihrem Gelärm begonnen. Aber ich bin müde genug, es zu ertragen. Eigentlich wollte ich in dem neuen Material nur herumblättern, um die nötige Bettschwere zu bekommen. Doch dann bleibe ich wieder einmal wach bis in den Morgen hinein.

Es ist mir gelungen, erneut die Distanz zu finden, die notwendig ist, um Fakten ohne Unterstellungen prüfen zu können. Jetzt bin ich zum Ausgangspunkt zurückgekehrt; oder besser, zu dem Punkt, an dem mir die romantische Sicht der Zeit und der Personen von damals verlorengegangen ist. Die Helden sind wieder zu Mördern geworden, ihr verblaßter Glanz wird nie mehr strahlen wie zuvor.

Mehr als jede andere Aussage müßte mir ein Satz aus diesem Artikel meine Gefühle für Tina wiedergeben. Müßte beweisen, daß sie eine von Zweifeln gequälte Frau war und nicht die blinde Aktivistin, als die Vidali sie beschreibt. Doch es bleibt nur eine tiefe Traurigkeit, wie man sie für ein vergeudetes Leben empfindet.

»Er ist ein Mörder. Er hat mich in ein furchtbares Verbrechen hineingezogen. Ich hasse ihn aus ganzer Seele. Und doch muß ich ihm folgen bis in den Tod. Bis in den Tod.«

Aus der Arbeit von Galvez Cancino hier nun eine längere Passage über Mella und die Auseinandersetzungen innerhalb der mexikanischen KP:

»Anfang der siebziger Jahre beschloß der alte stalinistische Aktivist Vittorio Vidali, allen zu antworten, die ihn stets einer direkten Beteiligung an den Verbrechen beschuldigt hatten, die seine politische Geschichte ›befleckten‹. Zu diesem Zweck bediente sich Vidali des Propagandaapparats der kommmunistischen Parteien Europas und Amerikas, zu dem er feste Beziehungen hatte. Als er am 9. November 1983 starb, schien er das erhoffte Resultat erzielt zu haben. Während seines langen Lebens hatten unterschiedliche Parteigänger der verschiedensten Strömungen innerhalb der internationalen Linken Vidali der Beteiligung bezichtigt an der Ermordung von Carlo Tresca in New York 1942, von Leon Trotzki in Mexiko 1940, von Andrés Nin und Rexach in Spanien 1937, und von Julio Antonio Mella in Mexiko 1929.

Um seinen Bruch mit dem Stalinismus zu demonstrieren, schrieb Vidali, als er schon das Alter von achtzig Jahren erreicht hatte: ›Nicht selten habe ich an eine Konvergenz der Ziele zwischen den sowjetischen und amerikanischen Geheimdiensten geglaubt. Beide waren, von entgegengesetzten Motiven und Zielsetzungen bewegt, daran interessiert, mich aus der Arbeiterbewegung zu verdrängen. Kein Mensch zum Beispiel griff Earl Browder an, den Sekretär der KPUSA und Mitglied des Exekutivkomitees der Komintern, der mit Sicherheit von dem Komplott gegen Trotzki wußte.‹ Doch wenn Vidali auch gern als das einzig wahre Opfer des Krieges zwischen den Geheimdiensten erscheinen und von ›trotzkistischen Anschuldigungen‹ zu seiner kriminellen Vergangenheit unberührt bleiben wollte, gab er in Wirklichkeit denjenigen, die ihn beschuldigten, letztendlich neue Fakten zur Hand.

Der erste Einbruch seiner Unschuldsbemühungen bewirkt dann

gerade die Verteidigung von Arnoldo Martinez Verdugo, der in der *istoria del Comunismo en México* schreibt: ›Bei seiner Rückkehr von der im April 1928 in Montevideo abgehaltenen Gewerkschaftskonferenz informierte David Alfaro Siqueiros das Zentralkomitee der KP Mexikos, daß der Argentinier Codovilla und der Venezolaner Ricardo Martinez auf den Versammlungen der kommunistischen Fraktion Mella beschuldigt hatten, trotzkistische Positionen zu beziehen und ohne die Zustimmung der KP Mexiko die USA bereist zu haben.‹ Dazu versichert Verduga, daß die Parteileitung sich an das Lateinamerikanische Sekretariat der Internationale gewandt und die Kritik an Mella zurückgewiesen habe, und daß dieser allen Intrigen zum Trotz das Amt des Generalssekretärs der KP Mexikos ad interim innegehabt habe. Mit diesem Passus möchte Verduga den Attacken von Codovilla und Martinez auf Mella ein Ende setzen. Gleichzeitig beansprucht er damit, Vittorio Vidali hinsichtlich seiner Beteiligung an der Ermordung Mellas, das erste in einer langen Kette von Verbrechen, in die er verwickelt war, in Schutz zu nehmen. Untersuchen wir jedoch die relevantesten Fakten des Leben von Julio Antonio Mella, beginnend mit der Gründung der kubanischen KP im August 1925.

Zu Beginn der zwanziger Jahre entstanden die Antiimperialistische Liga und kommunistische Gruppierungen, aus denen die KP Kuba hervorging; Mella war damals Student und in dem von ihm gegründeten universitären Studentenverband aktiv und später in der Volksuniversität José Martí. Mella erinnert in vielem an einen Rudi Dutschke; er war vor allem ein Führer der Protestbewegung an der Universität, die erst später den Charakter einer sozialen Bewegung annahm. Er theoretisierte die Agitation und die individuelle und kollektive direkte Aktion. Seine Vehemenz als Redner verschaffte ihm große Popularität, die durch seine physische Präsenz zweifellos unterstützt wurde; als man ihm vorwarf, er habe im Theater Payret eine Bombe gelegt, und ihn ins Gefängnis warf, begann Mella einen Hungerstreik, entschlossen, ihn bis zum Äußersten durchzustehen. Sein Durchhaltevermögen bewirkte eine große Mobilisierung unter Studenten und Arbeitern, die seine Freilassung forderten, doch die Partei beurteilte seine Haltung natürlich als nicht positiv. Den Aussagen des alten Aktivisten Blas Castillo zufolge ›sah die Partei die

Tina Modotti: Die Schreibmaschine von J. A. Mella, 1929

Praxis des Hungerstreiks ungern‹, und auch der Historiker K.S. Karol berichtet: ›Die Partei zeigte sich dem Hungerstreik gegenüber ablehnend. Das Argument war, daß nur Intellektuelle, die essen, wann sie wollen, eine derartig individualistische Aktion billigen würden. Mella unterwarf sich den Befehlen seiner Vorgesetzten nicht und hatte nach der Freilassung nicht wenig Schwierigkeiten. Es heißt, daß er deswegen sogar aus der KP Kuba ausgeschlossen wurde.‹

Nach achtzehn Tagen erlangte Mella die Freiheit wieder, im Januar 1926 wurde er jedoch gezwungen zu emigrieren, um einer neuerlichen Verhaftung zu entgehen. Er kam durch Honduras und Guatemala, Länder, aus denen er ebenfalls ausgewiesen wurde, und erreichte im Februar desselben Jahres Mexiko, wo ihm die Regierung Plutarco Elías Calles Asyl gewährte. Er ging zur KP Mexiko und wurde zusammen mit Diego Rivera und Salvador de la Plaza die treibende Kraft der Antiimperialistischen Liga von Nord- und Südamerika. Im Februar 1927 vertrat er sie auf dem IV. Kongreß der Roten Gewerkschaftsinternationale in Moskau. Bei dieser Gelegenheit lernte er Andrés Nin kennen, der ihn mit den Thesen der Linksopposition und ihrem Kampf innerhalb der KPdSU und der Internationale gegen die von der Führung der rechten Mitte mit Stalin und Bucharin an der Spitze vertretenen Politik der Klassenzusammenarbeit bekannt machte.

Während des Kongresses ließ Vittorio Codovilla ein Papier zirkulieren, das den Ausschluß von Andrés Nin als Mitglied der Linksopposition aus der Gewerkschaftsinternationalen und aus der KPdSU forderte. Um nicht unterzeichnen zu müssen, blieb Mella der Versammlung fern, was eine unmittelbare Reaktion Codovillas bewirkte, der alle Ausschüsse, in denen er Einfluß besaß, in Bewegung setzte, um eine Verleumdungskampagne gegen Mella anzuzetteln. Als der Kongreß einen Delegierten wählen wollte, der die Lateinamerikaner im Sinn der Internationalen repräsentieren sollte, schlug die Mehrheit Mellas Kandidatur vor, aber Codovilla widersetzte sich heftig und widmete sich ausgiebig und gründlich der Aufgabe, Vorwürfe zu Lasten Mellas auszuarbeiten. Was die gewünschten Resultate zeitigte, insofern es ihm gelang, die Wahl von Ricardo Martinez durchzusetzen, dem anderen erbitterten Feind Mellas.

Trotzdem verdoppelt Mella nach seiner Rückkehr in Mexiko seine organisatorischen und kämpferischen Bemühungen, indem er Demonstrationen und Diskussionen gegen die IV. Panamerikanische Konferenz organisiert, die der neuen imperialistischen Hegemonie in Lateinamerika eine Basis verschaffen soll, und gründet zur Unterstützung von Sandinos Guerilla das Komitee *Hände weg von Nicaragua*; darüber hinaus beteiligt er sich an den Aktivitäten der Internationalen Roten Hilfe. Als Mella jedoch mit dem Schwarzen-Führer Sandalio Junco die *Asociación Nacional de Nuevos Emigrados Revolucionarios de Cuba* gründet, die im Verlauf des Jahres 1929 eine bewaffnete Expedition nach Kuba schicken soll, gestalten sich seine Beziehungen zur Parteileitung noch angespannter. Die Streitigkeiten zwischen kubanischen und mexikanischen Kommunisten sollten auch nach seinem Tod nicht aufhören, wie die Intervention des kubanischen Delegierten auf der im Juni 1929 in Buenos Aires stattfindenden Ersten Kommunistischen Konferenz Lateinamerikas bewies, der Siqueiros Rüge folgendermaßen beantwortete: ›Wir erklären, daß wir beabsichtigen, bei der ersten sich bietenden Gelegenheit nach Kuba zurückzukehren. Siqueiros kann nicht außer acht lassen, daß dies das vorrangige Ziel des Genossen Mella war, daß aber die mexikanische Partei ihm die Expedition verboten hat . . . Die Pflicht gebietet es zu erklären, daß die mexikanische Partei diesen Kubaner in keiner Weise unterstützt hat.‹

Die Differenzen waren das Produkt von Auseinandersetzungen, die die KP Mexiko und die Internationale auf sehr viel höherer Ebene bewegten. Als Mella nach Mexiko kam, befand sich die Partei eben in der Phase der vollständigen Bolschewisierung, die sie eng an Moskau und seine eisernen Direktiven band. Die Geschichte beweist, wie wenig die Komintern von der verschiedenartigen Wirklichkeit der Länder Lateinamerikas und ihrer klassenmäßigen Schichtung begriffen hatte. Diese Politik führte die KP Mexiko in eine tiefe interne Krise, die sich bei Mellas Ankunft bis zum äußersten zugespitzt hatte.

Vom II. Kongreß 1925 bis zum IV. Kongreß 1926 lief eine Auseinandersetzung zwischen der Führung unter Xavier Guerrero, Alfaro Siqueiros, Carrillo und Rendón und der Rechten von Galván, Stirner und Diaz Ramirez, die ein Bündnis mit den progressiven Regierungskräften verfochten, um dem Imperialismus zu trotzen. Das Sektierertum trieb die

Partei in eine Sackgasse; man blieb den Direktiven der Komintern treu, befand sich aber im Gegensatz zur Lage des Landes; ein jäher Schwenk erschütterte die Partei 1926 von Grund auf, als Bucharin der Internationale die Wende nach rechts auferlegte, die in Mexiko zur Unterstützung der ›nationalistisch-revolutionären‹ Regierung Calles führte. Mella unterwarf sich der Komintern, was die nationale Politik anging, im Bereich gewerkschaftlicher Politik jedoch sollten sich weitere Probleme ergeben. Als die Unentschlossenheit der Partei 1927 jede Initiative angesichts von Obregóns Offensive gegen die gelbe Gewerkschaft CROM lähmt, hält Mella den Moment für gekommen, die Lage zur Bildung einer neuen, kommunistisch inspirierten gewerkschaftlichen Zentrale zu nutzen. Wie korrupt die Crom auch war, die immens große Arbeiterbasis befand sich angesichts der Attacken der Regierung vor dem Zerfall, und so machte sich Mella ohne Zögern daran, ein neues gewerkschaftliches Zentrum aufzubauen.

Auf dem V. Kongreß der KP Mexiko im April 1928 präsentierten Mella und seine Gruppe ihren Vorschlag, betonten dabei die bevorstehende Auflösung der Crom und die Krise der anarchistischen CGT, wurden jedoch von der Leitung, die den Moment, die Kräfte der Arbeiter weiter zu zersplittern, nicht für gekommen hielt, in die Minderheit verwiesen und besiegt. Dieser Beschluß konkretisierte sich in dem Manifest, das die KPM am 1. Mai 1928 an die Bauern und Arbeiter richtete.

Mella unterwarf sich den Parteibeschlüssen nicht und setzte mit anderen Aktivisten die begonnene Arbeit fort. Seine Aktivitäten wurden vom Zentralkomitee sehr bald als eine ausgesprochene Attacke auf die Einheit der Partei betrachtet. Auf der Versammlung in Montevideo warfen Codovilla und Martinez ihm vor, sich nicht der Parteidisziplin zu unterwerfen, und verlangten seinen Ausschluß. Das Zentralkomitee kam zu dem Kompromiß, von Mella eine deutliche Verdammung des Trotzkismus zu fordern, worauf er mit einem Verzicht auf die Thesen der Linksopposition reagierte, einzig und allein, um den bedeutenden Platz, den er sich in der Partei erobert hatte, zu bewahren. Dafür erhielt er die Nominierung zum nationalen Sekretär.

Infolge der Ermordung des wiedergewählten Präsidenten Alvaro Obregón und der Mittäterschaft der CROM-Führer bei dem Attentat mußten die Kommunisten ihre bisherigen Positionen einer Revision unterziehen. Mella ergriff erneut die Initiative, besiegte den rechten Flügel um Stirner und attackierte zusammen mit Diego Rivera in Moskau die Sturheit der Komintern und Stalin persönlich und erzwang die Abstimmung über die neue gewerkschaftliche Zentrale zur Unterstützung der Bauern- und Arbeiterdelegierten. Für den Moment mußte die Komintern den Coup gutheißen und der Verwirklichung der *Confederación Sindical Unitaria de México* zustimmen.

Im September ist Stirner an der Reihe, Mellas Ausschluß zu fordern, aufgrund ›des Vergehens, bei der Direktive über den gewerkschaftlichen Dualismus gegen die Parteilinie zu arbeiten‹. Ihn unterstützen Xavier Guerrero, Vittorio Vidali, Rafael Carrillo und viele andere.

Man wartete auf die Rückkehr der Delegation aus Moskau, um die Offensive wieder aufzunehmen. Der Streit lähmte Mellas Projekt. Vidali schlug eine ausschließlich aus Kommunisten gebildete Gewerkschaft vor und bewirkte dadurch den Rückzug der CGT-Anarchisten aus dem Organisationskomitee und die Enthaltung weiterer Gewerkschaften, die mit der CROM gebrochen hatten. Die Partei geriet an den Rand einer unwiderruflichen Spaltung, und bei der Rückkehr der Delegation wurde Mella kurz und bündig aus dem Zentralkomitee gewiesen und isoliert. Darüber hinaus gestaltete sich das Verhältnis zwischen Kubanern und Mexikanern nach der Weigerung, die Expedition nach Kuba zu unterstützen, erneut gespannt, und Mella erreichte den Punkt, an dem er jede Zusammenarbeit mit der Partei abbrach. Das geschah im Dezember 1928, einen Monat vor seiner Ermordung.

Die neue Orientierung der Komintern anläßlich der Entfernung Bucharins aus leitenden Funktionen brachte die Zentristen in der KP Mexiko an die Macht: Vidalis und Carrillos Stunde war gekommen. Die erste Direktive, die sie erteilten, galt dem tödlichen Kampf gegen die Trotzkisten der Linksopposition; der rechte Flügel forderte, sie müsse sich gegen Mella richten. Ende Dezember wurde der Kubaner auf Beschluß des Zentralkomitees tatsächlich ausgeschlossen, worauf dieser eine Woche später die Revision forderte und das ›völlige Eingeständnis seiner Irrtümer‹ erklärte. Es wurde beschlossen, ihn wieder aufzunehmen, falls er sich bereit erkläre, für wenigstens drei Jahre auf verantwort-

Tina Modotti: Vittorio Vidali in Mexiko, 1927

liche Ämter zu verzichten. Kurz vor seinem Tod arbeitete Mella gerade an der Vorbereitung der Einigungsversammlung von Arbeitern und Bauern, die vom 26. bis zum 30. Januar stattfand.

Aus seinen Schriften ergibt sich, wie sehr er im Namen einer Einheit der Gewerkschaftsbewegung jeder Form von Sektierertum abgeneigt war:

›Wir stellen die Frage der Einheit der Gewerkschaftsbewegung und nicht der Einheit der Partei. Eine Partei vereinigt eine bestimmte Anzahl von Personen, welche die gleiche Meinung vertreten. Die Gewerkschaften versammelt die Arbeiterklasse bei ihren alltäglichen Kämpfen und ohne Ansehen der politischen Standpunkte, die in ihrem Innern existieren. Wir sind Parteigänger der Freiheit der Kritik und der Kämpfe zwischen den unterschiedlichen politischen Strömungen innerhalb der gewerkschaftlichen Organisationen.‹

Mellas Denken in bezug auf die mexikanische Gewerkschaftsfrage stimmte mit den Resolutionen des VI. Kongresses der Internationale nicht überein und schon gar nicht mit den Beschlüssen, die die KPM nach seinem Tod faßte. Das Verschwinden dieses Oppositionellen, der mehr als jeder andere auf eine breite Basis im Volk rechnen konnte, räumte der 1929 beschlossenen Linie der Komintern in Mexiko ein sehr großes Hindernis aus dem Weg.

Zahlreiche Aussagen bestätigen die Härte der Auseinandersetzung zwischen Mella und dem Apparat der Internationale, allen voran Stirner und Vidali. Julián Gorkin berichtet von einer hitzigen Diskussion, bei der Vidali Mella mit den Worten bedrohte: ›Oppositionelle wie du verdienen nur den Tod!‹

Jesús Hernández, spanischer Militanter und ehemaliger Minister der republikanischen Regierung, geriet verschiedentlich mit Vidali aneinander und ging sogar so weit, ihn kurzfristig verhaften zu lassen. Tina Modotti war davon unterrichtet, und bei einem Gespräch mit Hernández viele Jahre später vertraute sie ihm an: ›Du hättest ihn erschießen sollen; das wäre eine gute Tat gewesen. Er ist ein Mörder, er hat mich in ein furchtbares Verbrechen hineingezogen. Ich hasse ihn aus ganzer Seele. Und doch muß ich ihm folgen bis in den Tod. Bis in den Tod!‹

Gorkin gehört zu jenen, die Vidali der Verantwortlichkeit für Mellas

Tod bezichtigen. Letzter Beweis zur Stützung seiner Thesen ist der Fund einer Skizze in der Wohnung von Modotti während der Durchsuchung durch die mexikanische Polizei, in der die Straßen eingetragen waren, ›durch die das Opfer an jenem schicksalshaften Tag kommen sollte, und ein schwarzer Punkt, der den genauen Ort bezeichnete, an dem der Unglückliche zu Boden stürzte‹.

Ein weiteres ehemaliges Mitglied der POUM, Victor Alba, zweifelt nicht an Vidalis Verantwortlichkeit. In seiner 1954 veröffentlichten *Historia del Comunismo en America Latina* schreibt er, daß ›Mella von einem Agenten ermordet wurde, der ein Doppelspiel betrieb und den Befehlen Gerardo Machados und den Beratern der Komintern, Codovilla und Vittorio Vidali zugleich gehorchte.‹

Zum Zeitpunkt von Mellas Tod hatte Vidali in der Partei in seiner Eigenschaft als Repräsentant der neuen Linie der Internationale und der KPdSU zweifelsohne beträchtliche Bedeutung. Vidali war der Mann der stalinistischen Fraktion, er übernahm es, nicht nur die Resolutionen, sondern auch die Säuberungen gegen den rechten und linken Parteiflügel in Praxis umzusetzen.

Die Beweise gegen *Carlos Contreras* beruhen auf Zeugenaussagen; eine endgültige Antwort ist vielleicht nur in den Archiven der GPU zu finden, doch man kann die zahlreichen Aktivisten, die ihn beschuldigen, auch nicht a priori der Lüge bezichtigen. Noch undurchschaubarer bleibt das Rätsel um die Gestalt von Tina Modotti und ihrer eventuellen Verstrickung in den Fall.«

15

Ich habe mit Alejandro Galvez Cancino den Ausgang der Metrohaltestelle Etiopia als Treffpunkt vereinbart; der Dozent der Geschichte an der UNAM kommt mit seinem dunkelgrünen Mercedes, Baujahr 1959, und angesichts meines Interesses für das sehr gut erhaltene Museumsstück murmelt er wegwerfend etwas wie »alte Karre«. Er ist um die vierzig; unter dem schwarzen Schnauzbart ein freundschaftliches Lächeln, das seinem ernsthaften, korrekten Aussehen sofort die Steifheit nimmt; geschickt manövriert er sich auf der achtspurigen Bahn durch den brandenden Verkehr. Als er hört, daß ich Felix Ibarra noch nicht kenne, sagt er: »Er wohnt hier in der Gegend, wenn du ihn treffen möchtest, kann ich ihn auch gleich nach ein paar Einzelheiten für ein Buch fragen, an dem ich gerade arbeite.«

Ein zweistöckiges Haus in der *Colonia Ni*ños Heroes, einem volkstümlichen Viertel im Bezirk Benito Juarez. Felix Ibarra ist ein alter Aktivist, der in den dreißiger Jahren zu den Gründern der Linksopposition gehört hatte, der Strömung, die sich von der Partei abspaltete, um bei der Machtergreifung Hitlers die Gründung einer neuen Internationale vorzuschlagen.

Galvez Cancino fragt, ob er von Gorkin gehört habe, der gestern in Paris gestorben ist. Felix führt uns in sein Arbeitszimmer, offeriert uns Getränke und beginnt dann, seine Erinnerungen zu erzählen, mit der Distanz und der Ruhe eines Menschen, der wohl den Groll beschwichtigt, nicht aber die Wunden und die vielen verlorenen Kampfesgenossen vergessen hat. Sein Ton ist distanziert. Auch bei den schmerzlichsten Erinnerungen seiner Jugend lächelt er melancholisch.

»Ich habe Mella 1928 kennengelernt, als er dort lebte, wo heute die Metrostation San Antonio Abad liegt. Er arbeitete in der nahegelegenen Fabrik der *Cortiduria Nacional*, um dort Anhängerschaft um sich zu scharen. Die Fabrik gibt es heute noch, aber ich glaube nicht, daß sie immer noch Waffen produziert, nur noch Uniformen und Pulver. Ich erinnere mich an den großen, athletischen jungen Mann, der es stets eilig hatte und mit Schritten voranstürmte, die dreimal so lang waren wie meine. Die Arme voller Bücher, die Taschen voller Papier, eine Energie und Kraft ausstrahlend, die ihn unwiderstehlich machten; jede seiner Reden war eine begeisterte Ansprache, von einer Eloquenz, die aus seinem Innersten herauszuströmen schien. Tina Modotti jedoch kannte ich nicht, ich sah sie nur manchmal und habe keine besondere Erinnerung an sie bewahren können.«

Sein Lächeln läßt nach, als er auf Vidali zu sprechen kommt.

»Auch mein Onkel Alberto Martinez, damals einer der Führer der KP Mexikos, kannte ihn als *Sormenti*. Vidali besaß das typische Auftreten von Emissären der Komintern, die Befehle ausführten, die ohne Beziehung zu der Realität des Landes, in dem sie operierten, standen. Ich habe mich stets gefragt, warum Vidali in seinen Büchern niemals über seine Erfahrungen in Mexiko schrieb. Wenn man bedenkt, daß er hier mehr Jahre verbracht hat als an vielen anderen Orten ... Ich erinnere mich an eine Krise, die innerhalb der Kommunistischen Jugend ausbrach, als die Partei Vidali als deren Repräsentanten für einem Kongreß der Internationale nominierte, wäahrend die jungen Leute natürlich den Anspruch hatten, einen eigenen Delegierten zu wählen; der Grund für Vidalis Nominierung war simpel: Er beschönigte stets die wirklichen Daten über die Zahl der Parteimitglieder und über die Macht der mexikanischen KP im Land und wollte deshalb nicht riskieren, daß unerfahrene Jugendliche die Wirklichkeit verlauten ließen. Mella war zweifellos sein erbittertster Widersacher, das größte Hindernis auf dem Weg zur Kontrolle des Zentralkomitees.«

»Am Anfang gehörte Mella tatsächlich zur Linksopposition«, greift

Alejandro ein, »aber als sie ihn beschuldigten, die Einheit der Partei zu verletzen, nahm er offiziell davon Abstand, diese Linie weiter zu verfolgen. Jedenfalls gibt es etliche Indizien über Mellas trotzkistische Neigungen, angefangen bei der Zeitschrift, die er im Oktober 1928 gründete. Weißt du, welchen Namen er ihr gab? *Tren blindado*... Es ist unmöglich, das Bild eines gepanzerten Zuges zu verwenden, ohne Trotzki heraufzubeschwören, also denjenigen, der die militärische Nutzung der Eisenbahn zuerst praktizierte. Bei einer Analyse des von Mella zurückgelassenen schriftlichen Materials ist seine Aversion gegen Stalins Beschlüsse nicht zu übersehen, abgesehen davon, daß Moskau gegen die Organisierung einer Expedition nach Kuba, die er genau so konzipiert hatte, wie sie Castro und Ché fünfundzwanzig Jahre später durchführten, stets ein Veto einlegte. Darüber hinaus haben wir heute die Beweise für etliche Zusammenkünfte mit Trotzkisten, die ein paar Wochen vor seiner Beseitigung stattgefunden haben.«

Felix Ibarra erhebt sich und fragt: »Möchtest du Mellas Totenmaske sehen?«

Das kommt überraschend. Ich hatte die Nachforschungen danach inzwischen schon aufgegeben, nachdem alle Hinweise, die ich gesammelt hatte, ergebnislos geblieben waren. Und nun endlich stehe ich rein zufällig vor dem Besitzer jener Maske aus Gips, von der ich schon so viel gehört habe! Felix holt einen lackierten Holzkasten hervor, setzt ihn auf den Schreibtisch, öffnet ihn vorsichtig. Das Antlitz von Julio Antonio Mella, auf rotem Samt ruhend, weckt rational nur schwer zu erklärende Empfindungen. Da ich die in diesen Fall verstrickten Personen nur durch Photos von damals kenne, erscheint mir der Anblick wirklichkeitsgetreuer Züge, im Gegensatz zu den von anderen nachgestalteten wie bei Büsten oder Statuen, die einen besonderen Ausdruck oder eine Haltung für die Nachwelt festhalten wollen, merkwürdig nah und echt. Mella, nur ein paar Stunden nach seinem Tod noch immer mit energischen, willensstarken Zügen, dem Schatten eines Lächelns, das Hände nachformten, die ihm Ruhe und Sicherheit zurückgeben wollten, die Hände des Menschen vielleicht, der ihn dazu verleitete, Warnungen zu mißachten oder ihn in jener Nacht am 10. Januar 1929 sogar vor den Lauf der Pistole führte.

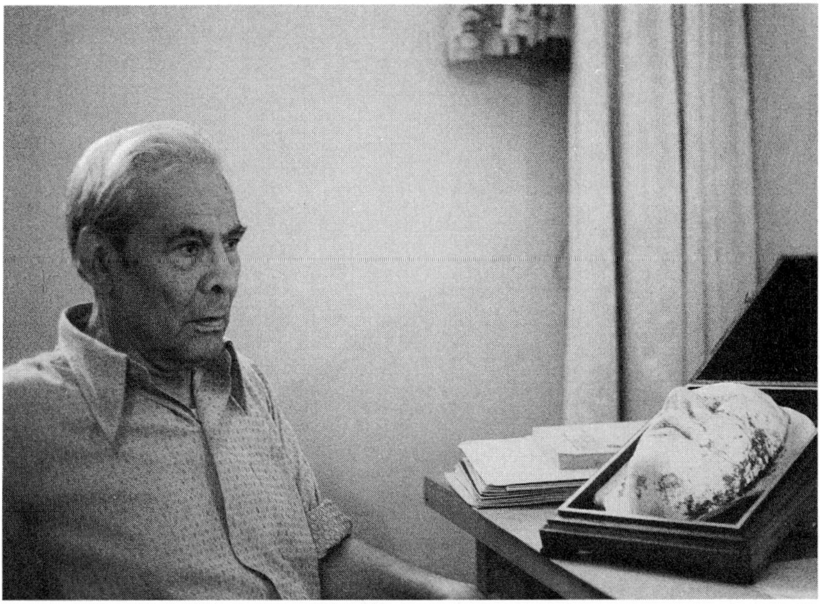

Felix Ibarra mit der Totenmaske von Mella

Ich beschließe nachzufragen, worauf Felix seine Gewißheit in bezug auf die Verantwortlichkeit der stalinistischen Agenten gründet. Er lächelt ruhig, als wolle er das, was er mir sagt, so verhalten wie möglich sagen.

»Sieh mal, damals war ich fast noch ein Junge; ich tat in der politischen Arbeit meine ersten Schritte, und das erklärt, weshalb mein Onkel jedes Mal, wenn wir das Thema streiften, so zurückhaltend war. Von seinem Standpunkt her barg jede Enthüllung die Gefahr in sich, mich von der Partei wegzuführen, noch bevor ich soweit herangereift war, eigene, nicht von seinen Erfahrungen beeinflußte Entscheidungen zu treffen. Bis er eines Tages beschloß, frei von der Leber weg zu reden, vielleicht weil er sah, daß sich meine Fähigkeiten zur Kritik inzwischen zu eindeutigen Positionen verfestigt hatten. Nach langem, verlegenem Schweigen sagte er nur einen einzigen Satz: *Dieser Schurke, dieser Sormenti hat's getan.* Er wollte keine weiteren Einzelheiten sagen, ich glaube, weil er fürchtete, mich in eine gefährliche Lage zu bringen, eine Lage, die anderen Militanten der internen Opposition das Leben gekostet hatte. Aber in den kommenden Jahren äußerten sich noch andere so eindeutig dazu. 1934 sprach ich mit Diego Rivera, auch er faßte sich nur sehr kurz, als bestätige er etwas allgemein Bekanntes: *Wer soll Mella schon umgebracht haben . . . das wissen doch alle, daß es Vidali höchstpersönlich war, inzwischen kann das doch niemand mehr bezweifeln.* Genauso äußerte sich Rafael Galván, Gewerkschaftsführer mit einer bedeutenden Position in der KP Mexiko; er war sich in Hinsicht auf Vidalis Verantwortlichkeit absolut sicher, meinte jedoch, daß dieser nicht auf eigene Initiative hin gehandelt habe, sondern auf Befehl der GPU.«

Alejandro blickt mich an und nickt dann zustimmend. »Nicht einmal ich zweifele daran. Die Arbeit über die internen Kämpfe der KP Mexiko hat mich zwei Jahre Arbeit gekostet. Heute kann ich sagen, daß die Anzahl der Zeugenaussagen und die von unwiderlegbaren Dokumenten bewiesenen Beweggründe Vidali zu einem Schuldigen machen, dessen Verteidigung sich erübrigt. Ich persönlich warte nur noch auf eine Stimme, die es mir ermöglichen würde, den Fall wieder in die Zeitungen zu bringen: auf den alten Rafael Carrillo, den einzigen, der noch lebt und direkte Kenntnis der Geschehnisse besitzt. Ein halbes Jahrhundert und länger wollte er nicht Stellung beziehen, hat die Beschuldigungen jedoch auch nicht widerlegt. Er respektierte den Befehl zum Schweigen, war dabei jedoch wenigstens so zuvorkommend, nicht zu leugnen, was offensichtlich war. Ich habe die Hoffnung auf eine Erklärung von ihm noch nicht verloren. Ich werde es noch einmal versuchen, so wie früher schon. Wenn ich nur die passende Gelegenheit dazu fände, das Thema behutsam anzugehen, damit er sich nicht wie stets ins Schweigen zurückziehen kann.«

»Es gibt ja übrigens noch einen Mord«, setzt Felix hinzu, »bei dem es die Stalinisten nie nötig hatten, sich reinzuwaschen; es handelt sich ausgerechnet um einen guten Freund Mellas, den Schwarzen Sandalio Junco. Dieser kubanische Gewerkschaftler war ebenfalls nach Mexiko emigriert, und in der Nacht des Attentats kam er als erster ins Krankenhaus; er hatte Kuba 1928 verlassen und war nach Moskau gereist, und dem zufolge, was Antonio Alonso Avila schreibt, sprach er mit Stalin und brachte seine Zweifel an den Thesen vom Verrat Trotzkis zum Ausdruck. Ich glaube, von jenem Tag an war sein Schicksal besiegelt. Er geriet in offenen Widerspruch zur Komintern, als er gegen die hypostasierte Allianz zwischen Imperialismus und der Oligarchie der Großgrundbesitzer – ein Postulat, auf das sich Politik und Propaganda der Internationale gründete – protestierte, auf die tiefen Unterschiede zwischen den kubanischen und den europäischen Mittelklassen verweisend. Die sofortige Konsequenz war der Parteiausschluß 1932, worauf Sandalio mit der Gründung des sich an der Linie der Linksopposition orientierenden *Partido Bolchevique Leninista* reagierte. Er besaß eine starke Gefolgschaft unter den Studenten, darüber hinaus einen beachtlichen Einfluß innerhalb der Gewerkschaften, und er unterhielt einen ständigen Meinungsaustausch mit Andrés Nin, dem Sekretär der Roten Gewerkschaftsinternationale. Sandalio Junco wurde 1943 ermordet; der Befehl zu seiner Beseitigung war bereits einige Zeit zuvor gegeben worden, man wartete nur eine günstige Gelegenheit ab. Die bot sich bei den Gedächtnisfeiern zum Tod von Guiteras, wo Sandalio eine Rede halten sollte. Die lokale kommunistische Presse zettelte eine Hetzkampagne gegen ihn an, hieß ihn Verräter und Anhänger der Fünften Kolonne und mobilisierte die Arbeiter gegen ihn, um ihn am Reden zu hindern. Als er nach dem Bürgermeister auf das Rednerpodest stieg, eröffnete eine Gruppe von Stalinisten das Feuer. Außer Sandalio gab es noch weitere Tote und Verwundete. Ein absurdes Massaker.«

»Gorkin behauptet, daß Junco Beweise über die Ermordung Mellas gesammelt hatte«, greift Alejandro ein. »Und daß ein Grund für seine brutale Eliminierung war, daß Junco die Absicht geäußert hatte, den Fall in Kuba öffentlich wieder aufzurollen. Hier wäre es auch interessant, den Beziehungen nachzuspüren, die Vidali zu der Insel unterhielt, und den häufigen Reisen, die bis 1928 stattfanden.«

Dann bittet er Felix, von seiner Gefangenschaft auf den Islas Marias zu erzählen, einem Archipel im Mar di Cortés weit draußen vor dem Staat Nayarit. Während er redet, entsteht eine Atmosphäre, die Bilder aus dem Film »Papillon« heraufbeschwört.

»Ich wurde 1934 deportiert, mit meinen beiden Brüdern und José Revueltas. Zu meinem Glück hatte ich nur acht Monate zu verbüßen:

Man hatte mich erwischt, als ich ›subversive Propaganda‹ anschlug. Wenn die Haft länger gedauert hätte, wäre ich wahrscheinlich nicht hier, um davon zu erzählen. Ich erinnere mich, daß man uns anfangs Bäume fällen und Wege in den Dschungel schlagen ließ, eine Arbeit, die hart, aber alles in allem erträglich ist. Sogar Revueltas, der körperlich nicht sehr robust war, gelang es, die Anstrengung und das Klima auszuhalten. Dann bildeten wir ein Komitee für politische Gefangene, und das war das Ende. Wir hatten ein Treffen mit dem Direktor verlangt, damit wir anerkannt würden, denn als politische Gefangene hatten wir das Recht auf Sonderbehandlung. Der Direktor begnügte sich damit, uns anzuhören, und dann rief er eine Wache: ›Pack' die hier, führ sie zum Lager Arroyo Hondo und sag dem Offizier, er soll ihnen die richtige Sonderbehandlung geben.‹ Von dem Moment begann die eigentliche Zwangsarbeit, eine Hölle, von der ich selbst nach so vielen Jahren kaum glauben kann, daß ich sie erlebt habe. Zwölf Stunden am Tag hackte ich Löcher in Granit. Jeder hatte ein bestimmtes Arbeitsquantum zu erfüllen, das heißt jeder mußte pro Tag soundso viel hacken und am nächsten Tag nachholen, was er nicht geschafft hatte. Am ersten Tag schaffte ich nicht mehr als zehn Zentimeter, ich hackte wie verrückt, aber das Eisen rutschte auf dem Granit ab und meine Hände bekamen Blasen. Am zweiten Tag mußte ich aufholen, und so weiter, bis ich mit den anderen im Schritt war. Ich erkrankte sofort an Skorbut, an Sumpffieber und Durchfall, der dort unten die Regel war. Ich konnte mich nicht einmal mehr bewegen; man brachte mich auf die Krankenstation, wo der Doktor in der Tür erschien und, ohne näher zu kommen, fragte, was wir hatten. Er verteilte Ratschläge und Vorwürfe, aber niemals Arzneien. Irgendwie erholte ich mich wieder und fing erneut an, Granit zu hacken. Die Leute starben wie die Fliegen, nicht nur wegen der Anstrengung, sondern auch wegen der feuchten Hitze, die alles verfaulen ließ, Lebensmittel, Wasser und Menschen. Die kleinste Verletzung wurde in kürzester Zeit zu einer eitrigen Wunde, es genügte ein Bruch oder ein Schnitt, um zu wissen, daß man die Islas Marias nie mehr verlassen würde.«

Alejandro fragt nach Einzelheiten wegen Revueltas, und Felix kramt vergilbtes Papier heraus, vor einem halben Jahrhundert gedruckte klandestine Publikationen; dann machen sie ein neues Treffen aus. Ich bringe die Sprache wieder auf Tina, frage, welchen Eindruck sie mit der Zeit von ihr gewonnen hätten.

»Sie war eher ein Opfer der Verhältnisse als an diesen Verbrechen direkt mitschuldig«, sagt Alejandro. »Das reicht natürlich nicht aus, um sie freizusprechen. Aber bei einem Urteil über sie muß man den Verlauf ihres gesamten Lebens werten und nicht jeden einzelnen Fall von Verstrickung. Ich sehe sie als ein zerbrechliches Wesen, das sich an einer Ideologie, einem Glauben festklammern mußte, der stark genug war, um ihr die Gewißheiten zu verschaffen, an denen es in diesen Zeitläuften damals fehlte. Die Unsicheren blieben draußen oder wurden von der Geschwindigkeit, mit der sich die Geschehnisse überschlugen, zermalmt. Und man sollte bedenken, daß sie in den letzten Jahren offenbar eine tiefe Krise durchlebte, wohl wegen der Blindheit, mit der sie immer tiefer abgeglitten war, oder weil sie unter den Entscheidungen ihres Gefährten litt. Das Zeugnis von Hernández verdeutlicht uns ihre ganze Zerrissenheit. Gorkin hat Äußerungen getan, die Zweifel an ihrem frühen Tod wecken könnten. Er berichtet, daß Tina Modotti im vertraulichen Gespräch mit einer engen Freundin nur ein paar Tage vor ihrer angeblichen Herzattacke über Vidali sagte: *Er ist ein gefährlicher Mörder.* Doch man sollte bedenken, daß solche Erklärungen nicht veröffentlicht wurden, solange alle davon betroffenen Personen noch lebten und oft durch Beziehungen vielfältiger Art untereinander verbunden waren. Für jene Zeugin war es vermutlich schwierig, ihren Namen veröffentlichen zu lassen und danach weiterhin dieselben Personen, um nicht zu sagen, dieselben ›Mörder‹ zu besuchen . . . «

Als ich frage, was sie von der offiziellen Version zu Tinas Tod halten, zucken beide vielsagend mit den Schultern. Felix begnügt sich mit einem schlauen Lächeln, Alejandro zuckt mit den Schultern: »Das wird sich nicht mehr klären lassen. Gründe, sie zu beseitigen, gab es mehr als genug. Wenn du bedenkst, daß ein Jahr zuvor Trotzki ermordet wordet war . . . In ihrem Bekanntenkreis befanden sich die Hauptverantwortlichen dafür, und sie war nicht mehr so sicher, daß die Partei immer recht hat. Man sollte auch nicht vergessen, daß die Last der Ermordung von Mella im Lauf der Jahre vielleicht unerträglich geworden war; ich sage

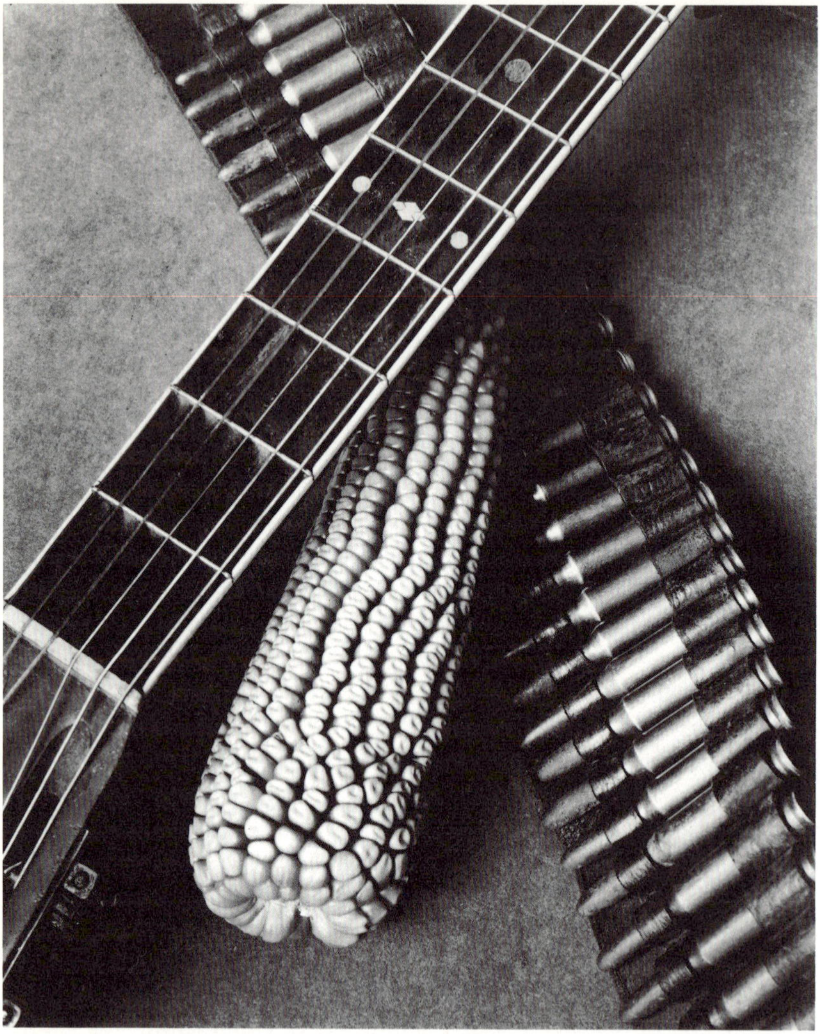

Tina Modotti: Patronengurt, Maiskolben und Gitarre, 1928

nicht, daß sie damals Mittäterin war, aber mit Sicherheit wußte sie, wer dafür verantwortlich gewesen ist.«

In seiner Wohnung, in einer Oase der Ruhe, als die sich der Stadtteil Coyoacán wunderbarerweise zu bewahren wußte, treffe ich Alejandro wieder. Er hat einen ansehnlichen Packen Photokopien von mittlerweile unauffindbaren Büchern und Publikationen aus jener Zeit für mich vorbereitet.

»Du weißt sicher, daß die Komintern mit Sandino gebrochen hatte, nachdem Stalin klar geworden war, daß es ihm niemals gelingen würde, Sandino seiner Kontrolle zu unterwerfen, so wie er auch die Entwicklung des revolutionären Prozesses in Mittelamerika nicht verhindern konnte. Aber du kannst dir nicht vorstellen, welches Ausmaß an Mißgunst und Lügen das Organ der KP Mexiko gegenüber dem Ketzer Sandino verbreitete.«

Er reicht mir einen Band, den die Universität von Puebla, die die Nummern des *Machete* archiviert und originalgetreu wiederaufgelegt hat, jüngst veröffentlichte. Überflüssig zu betonen, daß dieser *Machete* absolut nichts mit Mellas Zeitung zu tun hatte. Der Untertitel lautet: »Zentralorgan der Kommunistischen Partei Mexikos, Sektion der Kommunistischen Internationale.« Der *Machete* erschien unregelmäßig, einmal wöchentlich, einmal monatlich. Die erste Seite der Juninummer 1930 ist voll und ganz mit den Verleumdungen des Zentralkomitees gefüllt; die vierspaltige Überschrift entspricht dem üblichen Klischee stalinistischer Propaganda: »Der Verrat des Augusto C. Sandino«, während der Untertitel einen völligen Mangel an Schamgefühl den Kämpfern gegenüber verrät, die alles, was sie hatten, und das war in bestimmten Fällen auch das Leben, für Nicaragua gaben: »Der nicaraguensische Guerillero ist durch seine Allianz mit der konterrevolutionären Regierung Mexikos zu einem Werkzeug des Yankee-Imperialismus geworden.« Damals nötigte die Linie der Komintern, die Präsidentschaft von Portes Gil, der die KP Mexiko allerdings schon verboten hatte, auf ganzer Front anzugreifen; daß die nicaraguesische Guerilla die von Gil gewährte Hilfe annahm, brandmarkt der *Machete* als »Preisgabe des antiimperialistischen Kampfes, der sich seiner engen Bindung an die revolutionäre Weltbewegung nicht entziehen kann, ohne den Charakter eines kleinbürgerlichen Kampfes anzunehmen, der allein auf die Machtergreifung in Nicaragua abzielt.« Was nur bedeutete, daß sich Sandino von den Fesseln der Komintern nicht hatte lähmen lassen und Unterstützung angenommen hatte von jedermann, der ihm nicht Treue zu einer Linie oder einer Partei abverlangte.

Im Februar 1931 ein Artikel mit dem Titel: »Sandino bietet sich den Yankees zum Verkauf an.« Weitere Schmähungen, außer politischen weitere historischen Lügen, und die Bekräftigung von Thesen wie: »Ein antiimperialistischer Kampf auf dem lateinamerikanischen Kontinent hat kein Daseinsrecht, wenn er nicht von den jeweiligen kommunistischen Parteien unterstützt wird.« Im April geht der Propagandalärm so weit, Sandino einen *caudillo popular* und ein »gefügiges Werkzeug des Imperialismus« zu nennen, während es im Febraur 1933, als die US-Marines sich aus Nicaragua zurückgezogen haben und Sandino eine Form der Mitregierung sucht, die den Bürgerkrieg im Land beschränken soll, heißt: »Sandino im Dienst der Yankees.« Dieser Artikel endet mit der stereotypen Formulierung, an die uns die stalinistische Propaganda ein halbes Jahrhundert lang gewöhnt hat: *Lakai des Imperialismus.* »Renegat von Las Segovias« bezieht sich dagegen auf die gebirgige Gegend, wo der Guerrillero jene Yankees, in deren Diensten man ihn sehen möchte, mehrmals besiegte.

Die Hetzjagd endet in der Ausgabe vom 8. März 1934: Sandino ist in einem Hinterhalt von Somoza und seiner Nationalgarde gefallen; der kurze Nachruf klingt höhnisch und leicht bedauernd.

»Sandino hatte die Sache des antiimperialistischen Kampfes verraten, für die er sich einige Jahre lang so leuchtend hervorgetan hatte, doch alles, was er dadurch erreichte, war, daß er wie ein armer Teufel krepierte. Das zeigt besser als jede theoretische Erklärung die Ohnmacht der kleinbürgerlichen *caudillos*, die unfähig sind, den Kampf gegen den Imperialismus bis ans Ende zu führen, einen Kampf, den nur die Kommunistische Internationale in der ganzen kapitalistischen und kolonialen Welt konsequent führen kann.«

Ich gehe dazu über, die Photokopien etlicher Bücher durchzublättern und stoße in einer zweiten Ausgabe der Studie über die Vorbereitung der Ermordung Trotzkis auf ein von Julián Gorkin verfaßtes Kapitel mit der Überschrift »Contreras-Sormenti-Vidali«. Es enthält eine sorgfältige Dokumentation über die Gestalt dieses Kommunisten aus Triest, die belegt, welch uneingeschränkte Unterstützung dieser bei den mexikanischen Behörden fand. Auch in diesem Fall muß betont werden, daß Vidali für eine in den Weltkrieg verwickelte Macht »arbeitete«, die von Mexiko faktisch unterstützt wurde, indem es jede Art von Kollaboration mit den in seinem Bereich operierenden Agenten billigte; Trotzki wurde 1940 von der prosowjetischen Propaganda nicht nur als Verräter, sondern auch als Werkzeug des nationalsozialistischen Deutschlands bezeichnet, eine Anschuldigung, die gegen alle erhoben wurde, die den Schutzwall um die attackierte und überfallene Sowjetunion angeblich beschädigten. In dem Kapitel wird ein Detail genannt, das die uneingeschränkte Bewegungsfreiheit des Agenten *Carlos Contreras* erhellt: als Gorkin ins Innenministerium geladen wurde, um die Aktivitäten der GPU bei der Ermordung Trotzkis darzulegen, stellte er fest, daß eine Kopie der von ihm angelegten Akte sofort weitergeleitet worden war, und zwar an einen, von dem darin die Rede war. Gorkin wurde praktisch darum gebeten, Beweise für die Schuld Vidalis zusammenzustellen, nur damit dieser sie sofort zur Kenntnis nehmen und geeignete Gegenmaßnahmen ergreifen konnte.

Was die Ermordung des Anarchisten Carlo Tresca anbelangt, hegt Gorkin keinen Zweifel an der Verantwortlichkeit Vidalis. Er zitiert einen Brief, den das Opfer verfaßt hatte, nur wenige Tage, bevor es am 11. Januar 1943 in New York unter einem Hagel von Schüssen starb. Dieser an Gorkin und an den französischen Antistalinisten Marceau Pivert adressierte Brief besagt wortwörtlich, daß *Contreras* nach New York gekommen war und in prosowjetischen Kreisen eine Diffamierungskampagne gegen ihn angezettelt hatte; am Schluß heißt es unmißverständlich, Tresca befürchte, Zielscheibe eines Manövers zu sein, mit dem Vidali ihn einschüchtern, wenn nicht gar das Feld für ein Attentat auf seine Person vorbereiten wolle.

Ein weiterer Text mit dem beredten Titel *Cuando fuí comunista* ist verfaßt vom ehemaligen Mitglied der KP Mexiko Bernando Claraval, zusammen mit Felix Ibarra, Alberto Martinez, Manuel Rodríguez, Eduiardo Calero und Guillermo Solís Begründer der Linksopposition. Die Sprache ist wortreich und dreist; zeitweise brandet der Zorn auf und reißt den Autor zu umbarmherzigen Porträts hin, wie das von von *Enea Sormenti*, eine, wie es heißt, »unverantwortliche und dumme« Person, »bereit, jedes Mal, wenn seine Argumente nicht aufgenommen wurden, in zusammenhanglosem Spanisch herumzuschreien, in dem Glauben, inhaltliche Schwierigkeiten wären zu lösen, indem er lauter brüllte als die anderen«.

Eine Ausgabe der *Cahiers Leon Trotzki* vom Juli 1979 widmet Vidali einen Kasten. Darin wird seine Verantwortlichkeit für alle hier dargestellten Morde bestätigt und zusätzlich noch die Ermordung des Kommandanten Rexach, dem Artillerieoffizier im spanischen Bürgerkrieg; den *Cahiers* zufolge beschuldigte die CNT Vidali, er habe die Ermordung Rexachs angeordnet.

Dann stoße ich in den Unterlagen Alejandro Cancinos endlich auch auf eine Studie, die von der »traurigen, schönen Tina Modotti« ein Porträt entwirft, das nicht dem Bild der passiven Komparsin, das viele von ihr entworfen haben, entspricht. Ich finde ein mir bislang unbekanntes, reichlich ausgewalztes Detail, die »Legende« nämlich, die ihr offenbar auf der ersten Mexikoreise voraneilte: in den intellektuellen und künstlerischen Kreisen der Hauptstadt flüsterte man sich damals zu, sie habe ihren Gatten Robo in den Wahnsinn getrieben und in einer psychiatrischen Klinik in Kalifornien zurückgelassen. Er sei geflohen, um die Reise zu unternehmen, auf der er dann an einer obskuren »Infektion« starb. In dem Teil über den spanischen Bürgerkrieg wird Tina ohne Umschweife in die Nähe der GPU gerückt, insofern sie im Generalquartier der Internationalen Brigaden von Albacete bei der Spionageabwehr angestellt war. Der zweifellos interessanteste Punkt jedoch betrifft ihren Tod: es wird der nordamerikanische Historiker Bertram D. Wolfe zitiert, der die Auffassung vertritt, sie habe 1938, nach ihrer Rückkehr nach Mexiko, das Band zu Vidali endgültig zerreissen wollen. Der Grund: sie habe die Verbrechen, die ihr ehemaliger Gefährte nach wie vor verübte, nicht weiter tolerieren wollen, und die Belastung durch die Vergangenheit, die sie mit ihm geteilt hatte, sei ihr unerträglich geworden. Wolfe schreibt, daß das

Mahl, an dem sie in der Nacht ihres Todes teilgenommen hatte, ein von Vidali aus Anlaß der »offiziellen« Trennung organisiertes Abschiedsessen gewesen sei. Was nun ihre angebliche Vergiftung anbelangt, so heißt es in den *Cahiers*, daß die Autopsie, von der diejenigen sprechen, die an eine Herzattacke glauben, in Wirklichkeit niemals stattgefunden habe.

Wlady Kibalchich mit der Totenmaske von Victor Serge

16

Wladys alter Freund hat endlich angerufen. Er will mich nicht treffen, das erlaubt seine Gesundheit nicht, ist jedoch bereit, sich mit mir am Telephon zu unterhalten. Sein Name ist Juan Austrich, viele kennen ihn jedoch unter dem Namen, den er in Spanien benutzte: *Leandro.* Als Angehöriger der katalanischen POUM und Freund von Andrés Nin traf er sich in der Nacht, in der dieser verschwand, mit anderen libertären Kommunisten, um die Suche nach Nin zu koordinieren. Kaum auf der Straße, wurden sie jedoch schon von *guardias de asalto* umringt.

»Bei den Ereignissen von Barcelona verlor ich einen meiner liebsten Genossen; er wurde von den Stalinisten ermordet. Da unten lernte ich auch Vidali kennen, einige Zeit vor dem Handstreich in Katalonien. Die Kommunistische Partei war eine sehr kleine Minderheit, die in der Bevölkerung keine Unterstützung genoß und mit keiner festen Basis rechnen konnte; sie besaß jedoch ökonomische Mittel und Kriegsmaterial, und die Regierung war mit Händen und Füßen an die Stalinisten gebunden. Mit der Zeit rieb der Mangel auf, und es zeigte sich, daß Kriege mit Mut allein unmöglich zu führen sind; nach und nach erreichten die Kommunisten ihre angestrebten Ziele: revolutionäre Ansätze zu verhindern, Spanien eher den Frankisten zu überlassen, als Anarchisten und antiautoritären Marxisten zu gestatten, die Selbstorganisation des Volkes durchzusetzen, die für die Sowjetunion ein gefährliches Beispiel gewesen wäre.

Nach meiner Verhaftung gelang es mir, mich wieder zu befreien, und ich floh nach Mexiko. Hier mußte ich mich mit denselben Feinden von einst herumschlagen. Vidali war schlauer geworden, er vermied es, selbst die Gegner zu beseitigen. Er leitete jedoch ein effizientes Netz von Mördern, die ihm direkt unterstanden. Sie trafen sich oft im Café Paris, in der Straße des 5. Mai; dort haben sie auch die letzten Einzelheiten der Ermordung Trotzkis geklärt. Das mag merkwürdig erscheinen, aber damals waren Lokale voller Menschen sicherer als Büros im Untergrund. Ich habe mich jahrelang damit befaßt, Informationen über die Arbeit der GPU in Mexiko zu sammeln, habe Orte und Menschen aufgesucht und die Hintergründe von zahlreichen Morden rekonstruiert.«

Ich frage, wie und warum er den Auftrag annahm, Vidali zu »stoppen«.

»Damit wir uns recht verstehen, wir sind nie soweit gegangen, die Methoden und Mittel der Stalinisten anzuwenden, auch wenn wir oft dazu gezwungen waren, zu unserer Verteidigung notwendige Maßnahmen zu ergreifen. Ich hätte Vidali zurückzahlen können, was er vielen Anarchisten und Trotzkisten angetan hatte. Doch ich tat es nicht, eben weil unser Ziel die Selbstverteidigung war und selbstverständlich nicht die Beseitigung der Gegner. Doch als Vidali 1943 den Überfall in der Calle Venustiano Carranza organisierte, stellte ich Nachforschungen an und sammelte ein paar Daten über ihn, auch über die klandestine Wohnung in Cuernavaca, in die er sich zurückzog, wenn er abwarten mußte, bis sich die Aufregung gelegt hatte. Ich bin überzeugt, daß der Angriff in erster Linie Victor Serge galt, den ich zu Beginn des Kampfes in Sicherheit bringen konnte. Als sie mit Keulen und Messern eindrangen, packte ich Serge und zog ihn beinahe mit Gewalt in die Küche. Dann kehrte ich in den Saal zurück, verbarrikadierte die Tür und half den Genossen, den Eingang zu verteidigen. Ich selbst hörte, wie sich einige Stalinisten gegenseitig fragten: *Welcher ist Serge, wo ist er?* Für mich ist ganz klar: hätten sie ihn damals gefunden, hätten sie ihn ermordet.«

Ich möchte wissen, was er über Serges Tod vier Jahre später denkt.

»Er ist bestimmt ermordet worden. Ich erinnere mich, daß wir uns in Gorkins Wohnung trafen, in der Straße des Artikels 123, und lange darüber diskutierten, ob es angebracht wäre, eine Autopsie zu fordern.

Letztendlich überwog die Rücksicht auf die Familienangehörigen, auf ihren Schmerz, und wir zogen es vor, unsere Gewißheit für uns zu behalten. Wlady habe ich das nie erzählt, vielleicht glaubt er, daß die Autopsie durchgeführt wurde... aber so war es nicht, und der medizinische Befund über die Herzattacke ist so glaubwürdig, wie Sie sich vorstellen können.«

Er erzählt von anderen gewaltsamen Zusammenstößen, von dem politischen Klima, das ihn stets dazu zwang, nie allein unterwegs zu sein, und am besten bewaffnet, von der Notwendigkeit, Versammlungsorte geheim zu halten.

»Eines Nachts, es war 1942, erfuhr Siqueiros, wer weiß wie, daß wir uns in der Wohnung von Diego Riveras Schwägerin, Cristina Kahlo, treffen wollten. Sie verfügten über ein Netz effizienter Informanten, daran gab es keinen Zweifel. Mit mir waren Victor Serge und Gorkin, und außerdem natürlich Rivera. Siqueiros brachte eine Schar Bewaffneter mit, würdige Kumpane seiner spektakulären Bravourstückchen: sie begannen, wie verrückt Maschinengewehrsalven abzufeuern, und durchlöcherten dabei Türen und Fenster. Ich ließ mir von Diego die Mauser geben, die er stets im Gürtel trug, und erwiderte das Feuer. Es gab keine Verletzten, aber das Ziel, uns immer mehr zu einem Leben im Untergrund zu zwingen, erreichten sie. Es war eine äußerst heikle Situation: als Flüchtlinge mußten wir jede Provokation vermeiden, zugleich aber mußten wir jederzeit zur Verteidigung bereit sein... Kurzum, ich glaube, nach so vielen Jahren ist kaum noch vorstellbar, welches Leben wir führten. Das politische Klima von damals wird kein Buch jemals wiedergeben können, fürchte ich.«

Mittlerweile gehöre ich fast schon dazu in der Ferrocil del Valle 70. Wladys Assistent braucht nicht mehr nachzufragen, wenn ich an der Tür läute; Isabel, die Frau Wladys, begrüßt mich freundlich und möchte Neuigkeiten über gemeinsame Bekannte in Italien wissen.

Ich bin vielleicht der einzige, der zu Victor Serges Archiv, das Wlady in großen Metallkassetten mit durchnumerierten Umschlägen eifersüchtig hütet, freien Zugang hat. Trotz seiner umfangreichen Schriften, die von politischer wie literarischen Bedeutung sind, hat Victor Serge in Italien niemals gebührende Aufmerksamkeit erhalten. Dabei ist sein Beitrag für alle, die die Ereignisse in der Sowjetunion nach der Revolution und im von jenen legendären zehn Tagen erschütterten Europa deuten wollen, höchst aktuell.

Als Sohn russischer Emigranten politisiert sich Victor Serge im Milieu belgischer und französischer Anarchisten. 1919 geht er in die UdSSR beteiligt sich aktiv an der Entwicklung des revolutionären Prozesses. Von Sinowjew mit politischen Publikationen beauftragt, geht er nach Berlin und dann nach Wien, um die II. Internationale in die aufständischen Bewegungen Europas zu tragen, wenngleich sein Enthusiasmus durch die Niederschlagung der Kommune von Kronstadt bereits einen unheilbaren Riß bekommen hat. Zurück in Moskau, muß Serge feststellen, daß sich dort eine neue Bourgeoisie festgesetzt und der bürokratische Staats- und Parteiapparat verfestigt hat; er hat sich mit der neuen Realität einer totalitären Restauration auseinanderzusetzen; seine alten Freunde sind die prädestinierten Opfer. Victor Serge, der einer essentiell humanistisch geprägten Vorstellung von Sozialismus verbunden und außerdem zu der schmerzlichen Feststellung gelangt ist, die »Welt« biete »keine Fluchtmöglichkeit«, wird von Seiten des Regimes zunehmend unter Druck gesetzt, bis er verhaftet und 1933 deportiert wird. Drei Jahre später wird er dank einer von Frankreich aus geführten europaweiten Kampagne befreit, und Serge geht nach Paris, wo er angesichts einer »taubstummen öffentlichen linken Meinung« den Kampf gegen den Totalitarismus unablässig fortführt. Hier schreibt er auch seine literarisch reifsten Romane, in denen er sich nicht nur dem Thema der bürokratischen Degeneration jeder totalitären Revolution widmet, sondern auch psychologisches Einfühlungsvermögen zeigt. In Frankreich, das kurz vor der deutschen Invasion steht, von der GPU verfolgt, geht Serge nach Mexiko.

Jeden Tag schleppe ich dicke Papierstapel, Briefe und Zeitungsausschnitte zum Photokopieren in die nahegelegene Avenida Insurgentes Sur. Wlady leidet stets von neuem, wenn ich mit diesen Bruchstücken seiner Zuneigung das Haus verlasse, versucht mich jedoch mit Scherzen wie

»Am besten läßt du als Garantie deine Hosen hier« über seine Besorgnis hinwegzutäuschen.

Unter den Unterlagen befinden sich die Durchschläge zahlreicher Briefe, die Serge an Zeitungen verschiedener Länder verschickt hatte, um den Überfall auf das Ibero-Mexikanische Kulturzentrum bekannt zu machen, den ich hier kurz wiedergeben will.

Am Abend des 1. Aprils 1943 versammeln sich in der Venustiano Carranza fünfzig Flüchtlinge unterschiedlicher Nationalität zum Gedenken an Carlo Tresca und die in Rußland erschossenen Polen Victor Alter und Heinrich Ehrlich. Als Redner vorgesehen sind Julian Gorkin von der POUM, Emilio Maldonado von der CNT, Jakob Abrams für die sozialistischen Juden, Paul Chevalier und Victor Serge für die Flüchtlinge aus Europa. Gegen zwanzig Uhr bricht eine Gruppe Stalinisten in den Saal ein, während den Passanten draußen vorgespiegelt wird, drinnen sei ein Treffen von Nazianhängern, die Hitler und Franco feierten. Die Angreifer sind größtenteils mit Stöcken bewaffnet, mit denen sie die Einrichtung zerschlagen, Bücher zerstören und alles Greifbare übel zurichten. Einige ziehen auch Pistolen und feuern gegen die Türen, die sie nicht aufbrechen können. Die schnelle Reaktion der Anwesenden löst einen Kampf aus, der binnen kurzem die Räume des Treffens verwüstet. Zur gleichen Zeit – was die Vorsätzlichkeit beweist – laufen zahlreiche Anrufe bei mexikanischen Zeitungsredaktionen ein, in denen behauptet wird, aus den Fenstern des Ibero-Mexikanischen Zentrums seien Rufe wie »Es lebe Hitler, es lebe Franco!« erschallt, auf die »Passanten« reagiert hätten, indem sie in die Räume eindrangen. Bei Ankunft der Polizei zieht sich der Großteil des Kommandos zurück. Die Polizei verhaftet dreiundsiebzig Personen, doch bleiben nur zehn in der Obhut des Richters. Beim Verhör geben alle an, sie hätten eingegriffen, als sie zufällig am Kulturzentrum vorbeigegangen wären und aus den Fenstern beleidigende Äußerungen gegen Mexiko und Huldigungen an seine Feinde gehört hätten. *El Popular* organisiert eine Pressekampagne, die die groteske Version der Angreifer deckt, während in vielen anderen Tageszeitungen der Name *Carlos Contreras* als dem verantwortlichen Organisator des Vorfalls erscheint. Trotzkisten und Anarchisten werfen ihm offen vor, nur einen Vorwand gesucht zu haben, um Victor Serge, Hauptangriffsziel der mit Pistolen bewaffneten Männer, aus dem Weg zu räumen. Am folgenden Tag wird der sechsunddreißigjährige spanische Sozialist Fernando Castillo Ramirez in der zentralgelegenen Calle Puebla von Pistolenschüssen getötet. Das Opfer ist ein für seine antistalinistische Einstellung bekannter Drucker. Victor Serge beschuldigt die Mitglieder der KPM, auch diesen Mord begangen zu haben, und berichtet, daß es in letzter Zeit Gerüchte über die Vorbereitung eines »demonstrativen« Attentats unter den sozialistischen Flüchtlingen aus Spanien gegeben habe.

17

Am 19. April 1939 kehrt Tina wieder nach Veracruz zurück, fast zehn Jahre nach ihrer Ausweisung aus Mexiko. Ihr Name im Paß lautet Carmen Ruiz Sanchez, aber wer mit ihr Kontakt hat, kennt sie als *Maria*, dem Namen, den sie im Spanischen Bürgerkrieg getragen hat. Nach kurzem Aufenthalt in der Hafenstadt am Atlantik reist sie mit Vidali nach Mexiko weiter. Die Rote Hilfe läßt ihr eine Summe Geldes zukommen, die genügt, um ein paar Monate zu überleben. Offenbar ein Gehalt für eine noch zu verrichtende Arbeit, denn sie bereitet sich sofort auf eine neue »Mission« vor. Tina Modotti soll mit anderen Papieren nach New York zurückkehren, um »politische Kontakte« zu festigen. Laut Vidali fand diese Reise seinetwegen statt: sie sollte für ihn die Möglichkeit eines ständigen Aufenthaltes in den Vereinigten Staaten sondieren, denn Vidali beabsichtigte, in der Kommunistischen Partei von Earl Browder aktiv zu werden.

Tina bleibt »ein paar Wochen« in New York. Über diese Reise in das Land, das ihr noch kurz zuvor das Einreisevisum verweigert hatte, ist weiter nichts bekannt. Bei der Rückkehr teilt sie Vidali offenbar mit, daß seine Versetzung in die USA neben nicht näher beschriebenen »Arbeitsschwierigkeiten« für zu gefährlich beurteilt wird. Die Order der Kommission, die sich mit seinem Fall befaßt, lautet, er solle sich nicht aus Mexiko wegbewegen.

Beschränkten sich die Direktiven der nordamerikanischen KP-Führer, die Tina für Vidali anvertraut wurden, aber tatsächlich nur darauf?

Trotzki, seine Frau Natalia und Diego Rivera im Patio ihres bewachten Hauses

Trotzki lebte in einem einsam gelegenen Haus am Rande der Hauptstadt, im heutigen Coyoacán, das die Metropole durch die Ausdehnung nach Süden inzwischen schon längst verschluckt hat; damals, 1940, zählte Mexico-City nur zwei Millionen Einwohner. Die fortschrittliche Regierung Lázaro Cárdenas hatte Trotzki politisches Asyl angeboten, auch auf Druck von Diego Rivera, der im kulturellen und politischen Leben des Landes eine bedeutende Rolle spielte; doch als Mexiko sich im Weltkrieg an die Seite der Sowjetunion stellte, ist dem Drängen Stalins immer schwerer standzuhalten.

Der Wohnsitz des *verstoßenen Propheten* kann heute so besichtigt werden, wie er damals hinterlassen wurde; ein Enkel und ein paar junge Anhänger seines politischen Erbes bemühen sich, ihn als Museum zu gestalten und hüten die wenigen Möbel, die Bibliothek, das unbrauchbare Diktaphon und die Brille, die durch den letzten Kampf beschädigt wurde. Der Unterhalt des Museums hängt von den freiwilligen Spenden der Besucher ab, da es keinerlei finanzielle Unterstützung durch den mexikanischen Staat genießt.

Zwei miteinander verbundene, einstöckige Gebäude, ein Garten voller Blumen und Kakteen, sogar Hühner- und Hasenställe, alles ist so wie in der Zeit, als Trotzki auf dem kleinen Kiesweg spazierenging, seltene Besucher empfing und seine endlosen Erinnerungen und Analysen diktierte. Von außen her hat man den Eindruck einer kleinen, uneinnehmbaren Festung: hohe Mauern mit kleinen Türmen und Schießscharten, ein Laufgraben, in dem sich die Sekretäre bzw. Wächter abwechselten, seine letzten Getreuen, die ihm aus Europa und den Vereinigten Staaten nachgereist waren: Otto Schüssler, Walter Kerley, Charles Cornell, Jack Cooper und Harold Robins, der »Koordinator«; außerdem noch Robert Sheldon Harte, die Gestalt, die bis heute undeutlich geblieben ist. Türen und Fenster des Hauses wurden gepanzert, die Türen verkleinert, um Einbrüche zu verhindern, die Fenster durch enge Gitterstäbe geschützt.

In der Nacht des 23. Mai 1940 gelingt es etwa zwanzig Personen, durch die Garagentür in den Garten einzudringen, und sie eröffnen ein kurzes, aber heftiges Feuergefecht; zu den Eindringlingen gehört David Alfaro Siqueiros, dem es gelingt, den Lauf seiner Thompson durch Trotzkis Fenster zu schieben und ins Innere des Zimmers abzufeuern. Die

Gewehrsalven schlagen wahrscheinlich aufgrund der Höhe des Fensters in die Wände ein und streifen das Bett nur, ohne es zu treffen. Vom Widerstand der Verteidiger zurückgeschlagen und vielleicht in der Überzeugung, das Ziel erreicht zu haben, ziehen sich die Angreifer ohne Verluste zurück, ein paar Brandbomben hinterlassend, die sofort unschädlich gemacht werden. Letztlich ist nur der kleine Esteban, Trotzkis Enkel, den ein Querschläger am Fuß getroffen hat, leicht verletzt worden.

In den Tagen unmittelbar danach ist von einem Komplizen die Rede, der es den Angreifern ermöglicht habe, in den Garten einzudringen, und Sheldons Verschwinden weist ihn als Komplizen dieses Attentatsversuchs aus. Die Ermittlungen führen zur Verhaftung einiger Mitglieder des Kommandos, über die man erfährt, daß das Unternehmen von Siqueiros und einem Unbekannten mit ausländischem Akzent angeführt wurde, einem sogenannten *französischen Juden*, in dem manche Vidali wiederzuerkennen meinen. Während einer Lokalinspektion in einem von Siqueiros ein paar Kilometer außerhalb der Stadt auf dem Land gemieteten Haus findet man Sheldons Körper, der notdürftig unter dem gestampften Lehmboden in der Küche vergraben ist. Trotzki kann beim Anblick der Leiche des jungen Mannes seine Tränen nicht unterdrücken; vermutlich das einzige Mal, daß man den alten Kommandanten der Roten Armee in der Öffentlichkeit hat weinen sehen. Auf die These, Sheldon habe ihn vielleicht verraten, reagiert er jedoch entrüstet, und noch heute kann man die Marmorplatte besichtigen, die er im Garten seines Hauses Sheldons Opfer zu Ehren errichten ließ. Jedenfalls warf man Siqueiros vor, er habe Sheldon zwei Nackenschüsse gegeben; wahrscheinlich ist, daß man einen gefährlichen Zeugen verschwinden ließ; vielleicht hatte Sheldon sich auch kaufen lassen, in dem Glauben, die Angreifer beabsichtigten nicht die Ermordung Trotzkis; und seine Beseitigung war nach seiner Entführung dann unvermeidlich geworden.

Am 24. Mai 1940 äußert Trotzki gegenüber Freunden: »Das Schicksal hat mir noch einmal eine Frist gewährt, aber sie wird nicht von langer Dauer sein.« Am 20. August, nur drei Monate später, erschlägt Ramón Mercader Trotzki mit einer Spitzhacke.

Die Vorbereitung des Attentats ist derart vielschichtig, daß die Rekonstruktion des Plans erst nach jahrelangen Nachforschungen gelingt. Sogar die wahre Identität des Mörders sollte erst etliche Monate nach seiner Festnahme aufgedeckt werden.

In New York wird der Plan bis in alle Einzelheiten ausgearbeitet, und von dorther läuft der Faden, der durch das Gestrüpp untergründiger Beziehungen führt: Earl Browder von der KPUSA beauftragt den GPU-Agenten Jack Stachel, Mercader mit jemandem bekannt zu machen, der ihn in den engen Bekanntenkreis Trotzkis einführen kann. Zu diesem Zweck wird die Journalistin Ruby Weil ausgesucht, die bei den Trotzkisten ein gewisses Vertrauen genießt, in Wirklichkeit aber für einen führenden Parteimann arbeitet; über sie lernt Mercader Sylvia Agelof kennen, die Schwester einer Sekretärin Trotzkis. Das entscheidende Treffen findet in Paris statt, in der bereits erwähnten Wohnung, die Siqueiros im Sommer 1938 angemietet hatte, das heißt in der Zeit, an die Octavio Paz sich erinnert, ihn getroffen zu haben. Sylvia Agelof befand sich in Paris wegen eines Kongresses, an dem Trotzki teilnahm, und sie lernte dort das Ehepaar Rosmer kennen, alte Freunde Trotzkis, die auch in dem Haus in Coyoacán verkehrten. Die Agelof war aktives Mitglied der Labourpartei, und sie war 1937 bereits nach Mexiko gereist, um ihre Schwester zu besuchen.

Mercader war ein attraktiver Mann, elegant gekleidet, mit angenehmen Manieren und sehr diskret; er beabsichtigte ein Verhältnis mit Sylvia Agelof, wobei er sehr behutsam vorging. Sie trafen sich in den USA wieder, und danach in Mexiko. Er nennt sich Frank Jacson, dem gefälschten Paß entsprechend, der zuvor dem kanadischen Kommunisten Tony Babich gehört hatte, der an der Front vor Madrid gefallen war; eines der vielen von der GPU während des Bürgerkrieges beschlagnahmten Dokumente, die ihre Agenten jahrelang dazu benutzten, zwischen den Vereinigten Staaten und Mexiko hin- und herzureisen.

Sylvia Agelof verliebt sich in Jacson, folgt ihm auf zahlreichen Reisen, und sie treffen sich immer häufiger. Ihre Anwesenheit in der »Festung« in der Calle Vienna ist inzwischen zur Gewohnheit geworden, und Mercader beschränkt sich darauf, sie zu begleiten und am Eingang solange auf sie zu warten, bis er den Wachen am Tor vertraut ist, mit denen er

Grüße und Scherze austauscht, aber ohne je die Situation zu forcieren. Geduldig wartet er auf den Tag, an dem er als vertraute Gestalt im diskreten Kommen und Gehen des Hauses akzeptiert wird. Es kommt die Einladung zum Abendessen, er lernt Trotzki persönlich kennen.

Nach zwei Jahren geduldiger Arbeit hat Mercader sein Ziel erreicht. Er behauptet zwar unpolitisch zu sein, zeigt sich aber durchaus interessiert an den Theorien des alten Revolutionärs; in Diskussionen mit Trotzki lobt er die Vorzüge des Kapitalismus, mit dem Gestus eines Kaufmannes für Export-Import, äußert jedoch auch wachsende Bewunderung für den Mann, der seine gesamten Existenz einer einzigen Sache gewidmet hat. Eines Tages erwähnt er beiläufig eine vage Leidenschaft für das Schreiben und den Journalismus, bis Trotzki ihm anbietet, ein »Probestück« von ihm durchzusehen.

Aus diesem Grund gelingt es ihm, allein in dem festungsartigen Haus vorstellig zu werden, sich in Trotzkis Arbeitszimmer zu begeben, von hinten anzuschleichen, während Trotzki damit beschäftigt ist, seinen Text zu lesen, und ihn mit einer lautlosen Waffe zu erschlagen; die 45-kalibrige Automatik, die Mercader in der Tasche trug, sollte im Fall unvorhergesehener Zwischenfälle dazu dienen, sich den Weg freizuschießen.

Der Plan, nach dem Mord ruhig und ohne den geringsten Verdacht zu erwecken das Haus zu verlassen, scheitert an der unvorhersehbaren Reaktion des Opfers; Trotzki gelingt es trotz seines zertrümmerten Schädels und obwohl das Blut ihm die Sicht nimmt, sich auf den Angreifer zu stürzen und tief in die Hand zu beißen, die ihn getroffen hat. Die bewaffneten Sekretäre eilen herbei und halten einen Mercader fest, der entsetzt ist von dem sich ihm anbietenden Anblick: der alte Bolschewik hält sich noch immer aufrecht, die Hände auf die klaffende Kopfwunde gepresst, um die Blutung zu stillen, und hat, unterstützt von seiner Frau, noch die Zeit, allen zu schildern, was vorgefallen ist, kann sich auf Englisch an Charles Cornell wenden, um ihm zu raten, Jacson nicht zu töten: »Wir müssen ihn zum Sprechen bringen, wir müssen wissen, wer er ist ...« Dann beruhigt er Natalia Sedowa, indem er ihr versichert, er fühle sich besser, sie solle keine Angst haben; doch Cornell vertraut er an: »Ich spüre, es ist vorbei. Dieses Mal haben sie's geschafft.«

Man bringt ihn ins Krankenhaus; er hat das Bewußtsein noch immer nicht verloren. Trotzki stirbt am nächsten Tag, nach vergeblichen Versuchen, trotz fortschreitender Lähmung einige Sätze mitzuteilen; sie bleiben unverständlich.

In dem Buch *Comandante Carlos* verteidigt sich Vidali gegen den Vorwurf, an der Organisierung des Attentats beteiligt gewesen zu sein, räumt jedoch ein, er habe Stachel in New York getroffen, auf der Reise, bei der Tina verboten wurde, sich länger als drei Tage in den Vereinigten Staaten aufzuhalten. Vidali schreibt, er habe die Vorschläge Stachels und Browders, alte Freunde von ihm und in der GPU-Hierarchie zudem vermutlich seine Vorgesetzten, abgelehnt. Unmittelbar danach fährt Vidali nach Mexiko; wenn Stachel während der Vorbereitungen für das Attentat dort tatsächlich anwesend war, wie es in trotzkistischen Kreisen hieß, ist dann glaubhaft, daß er niemals mit Vidali zusammentraf? Vidali verkehrte gewöhnlich mit Siqueiros: dieser hatte ihm die Einreiseerlaubnis für Mexiko besorgt, nahm an denselben Versammlungen teil, lud ihn oft zum Essen in seine Wohnung ein; mit den anderen kommunistischen Führern koordinierten sie die Hetzkampagne in der Presse, die das Terrain für die Ermordung des politischen Feindes bereitete, ja, sie organisierten sogar die aggressiven Demonstrationen vor den Mauern des Hauses in Coyoacán. Was die von ihm verfaßten Artikel anbelangt, behauptet Vidali, daß sie im Ton der Zeit gehalten waren, nicht mehr und nicht weniger als das, was alle Führer und Aktivisten der Partei taten.

Tina wird mit keinem Wort erwähnt. Obgleich sie im selben Haus wohnte und in denselben Kreisen verkehrte, nennt in den umfangreichen Veröffentlichungen zu den Vorwürfen gegen Vidali keiner der zahlreichen Ankläger ihren Namen. Richtig ist, daß Tina nicht mehr politisch aktiv sein wollte; die Freunde, die sie hatte, waren zwar Sympathisanten der Sowjetunion, aber nicht direkt in die Politik des Landes verwickelt. Wie Elena Poniatowska sagt, ging Tina Leuten, die sie 1929 kennengelernt hatte, vollständig aus dem Weg; deshalb ist wahrscheinlich, daß sie an Siqueiros' Runde nicht teilnahm, und an Versammlungen schon gar nicht. Ist jedoch möglich, daß sie nichts von den Vorbereitungen bemerkt hat, die Vidali zur Vorbereitung von Trotzkis Ermordung traf?

Auch wenn dieser nicht zu den Organisatoren der Tat selbst gehört hätte, verantwortete er doch die Hetzkampagne gegen Trotzki, die der öffentlichen Meinung dessen Beseitigung schmackhaft machen sollte; und auch wenn man einräumt, daß Tina aufgrund ihres Desinteresses erst später erfuhr, daß Vidali als einer der Exekutoren des Plans bezeichnet wurde, wie sah dann ihre Reaktion auf die öffentlichen Beschuldigungen und die vielen unterschiedlichen Gerüchte aus, die in ihrer Umgebung kursierten?

Im ersten Ermittlungsstadium erklärt Jacson, er heiße in Wirklichkeit Jacques Mornard, und auch seine wirkliche Nationalität bleibt monatelang ungeklärt; zunächst hält man ihn für einen Kanadier, dann für einen Belgier und dann sogar für einen Russen. Erst die Entdeckung seiner spanischen Mutter Caridad del Rio Mercader führt zur endgültigen Klärung der Herkunft des stalinistischen Mörders. Caridad war nach Belgien gezogen und danach nach Frankreich, wo ihre fünf Kinder aufwuchsen; daher auch das perfekte Französisch von Ramón Mercader. Nachdem sie über eine 1928 in Paris operierende, der sowjetischen Botschaft direkt unterstellte Sondereinheit der GPU beigetreten war, kehrte Caridad während des Bürgerkriegs nach Spanien zurück und lieferte dort einige Proben ihres blinden Fanatismus. Ramón Mercader war in den kommunistischen Milizen in Katalonien aktiv, wo einer seiner Brüder im Gefecht fiel. 1940 ging Caridad nach Moskau, um in Berijas Büros zu arbeiten, hielt sich aber nur zum Teil an die Order, nicht über ihren dritten Sohn zu reden; dank der Vertraulichkeiten, die sie einigen sowjetischen Kommunisten mitteilte, die sich später vom stalinistischen Credo abwandten, läßt sich auch nach so vielen Jahren einiges vom Hintergrund der Sache rekonstruieren. Ramón Mercader macht nicht den Eindruck eines entschlossenen, kaltblütigen Befehlsvollstreckers; etliche Zeugen berichten von Treffen mit distinguierten Herren mit ausländischem Akzent, die ihn aus seiner Wohnung in Mexico-City abholten, ihn bei seiner »Mission« anzuspornen und ihm zu helfen schienen. Als Mercader beim Verhör die These vom Sympathisanten, den die antisowjetischen Praktiken Trotzkis entrüstet hätten, nicht länger aufrecht erhalten kann, gesteht er, auf Geheiß der GPU und nur unter erpresserischem

Druck gehandelt zu haben, um das Leben der in Moskau als Geisel gehaltenen Mutter zu retten.

Ein weiterer ungeklärter Punkt ist die Beziehung zwischen den beiden Attentaten: warum hat Siqueiros Trotzkis Festung angegriffen, obgleich ein komplizierter Plan, an dem zwei Jahre lang mit höchster Sorgfalt gearbeitet wurde, bereits am Laufen war? Eine mögliche Erklärung könnte tatsächlich in Mercaders Unentschlossenheit liegen, der sich als weniger vertrauenswürdig erwiesen hatte als erwartet. Oder vielleicht war seine Aufgabe einfach verändert worden, wenn stimmt, daß auch er im Mai 1940 in Mexico-City war und er als einziges »bekanntes Gesicht« unter den Mitgliedern des Kommandos an die Tür in der Calle Vienna klopfen konnte. In diesem Fall hätte Sheldon tatsächlich der ahnungslose »Komplize« sein können, der beim Anblick einer bekannten Person trotz vorgerückter Stunde die Tür öffnete; weshalb es sich aus demselben Grund als notwendig erwiesen hätte, ihn zu entführen und für immer zum Schweigen zu bringen.

Nach dem Scheitern des ersten Attentats hatte Mercader keine andere Wahl, als in die Rolle des einzelgängerischen Vollstreckers zu schlüpfen. Denn mittlerweile war er der einzige, der die erhöhte Wachsamkeit täuschen und in Trotzkis Arbeitszimmer vordringen konnte.

Das Verhalten Tinas inmitten dieser verwickelten Abfolge von Ereignissen bleibt vollständig im Dunkeln. Der einzige überlieferte Streit zwischen Vidali und ihr geht auf den Tag zurück, an dem das Abkommen zwischen Molotow und Ribbentrop verkündet wurde, der Nichtangriffspakt zwischen der Sowjetunion und Hitler-Deutschland. Tina wirft Vidali vor, eine Entscheidung zu verteidigen, die umso abstoßender ist, als die Deutschen sich dadurch praktisch berechtigt glauben, Polen anzugreifen. Vidali verteidigt den Pakt mit dem Verweis auf die angebliche Raison eines isolierten Staates. Tina weigert sich auch, ihren Mitgliedsausweis der KP Mexiko zu erneuern. Der Grund dafür liegt vielleicht nicht nur in der Angst, gegen mexikanisches Gesetz zu verstoßen, das Ausländern die Teilnahme am politischen Leben untersagte.

Im März 1941 wird Vidali auf einer Straße im Stadtzentrum verhaftet, während er aus der Ferne eine Demonstration der Sinarquisten, der Bewegung der extremen Rechten Mexikos, beobachtet; ihm wird vorgeworfen, der GPU anzugehören. Am Verhör nimmt auch ein Agent der nordamerikanischen Spionageabwehr teil. Die häufigsten Fragen gelten den beiden Attentaten auf Trotzki.

Die wenigen Personen, die etwas über Tina bezeugen können, beschreiben sie als zurückgezogen und vereinsamt in ihrem Appartment in der Calle Dr. Balmis lebende Frau. Nicht sie besucht Vidali im Gefängnis El Pocito, sondern Isabel Carbajal. Isabel hat Elena Poniatowska geschildert, wie schwierig es war, zu einer bestimmten Stelle auf den Dächern zu gelangen, von wo aus das Fenster des inhaftierten Vidali zu sehen war; vom Dach aus übermittelte sie ihm Nachrichten und empfing seine Botschaften, die sie dann der Parteiführung mitteilte. Wie Isabel sagt, ging ihre Beziehung zu Vidali bereits über eine bloße Freundschaft zwischen politischen Genossen hinaus; Vidali jedoch hat das stets geleugnet.

Eneo Sormenti bleibt nicht lang in Haft; der Beauftragte des mexikanischen Geheimdienstes, der Sohn von Senator Luis Monzón, ein alter Bekannter Vidalis, setzt sich sofort über die Absichten der Regierung in Kenntnis; in Wirklichkeit sucht man einen Weg, um den Druck der Vereinigten Staaten zu umgehen. Nachdem Siqueiros, der in eine Art »Künstleratelier« verbannt ist, das auch als Public-Relations-Büro fungierte, von Vidalis Verhaftung erfahren hat, bittet er sogleich den Präsidenten der Republik, Avila Camacho persönlich, um Hilfe. Er solle ihm Garantien über das Schicksal seines italienischen Freundes zusichern.

Camacho ordnet nicht nur die sofortige Entlassung Vidalis an, sondern bittet auch wenige Wochen danach den Konsul Chiles, Pablo Neruda, um ein Sondervisum und wandelt Siqueiros Strafe in Verbannung um. Innenminister García Tellez empfängt Vidali und übernimmt es, seinen Status im Land definitiv zu regeln: die Dokumente, nach denen er jeweils österreichischer, peruanischer, russischer und spanischer Staatsangehöriger ist, werden vernichtet. Zum ersten Mal wird die Identität von Vittorio Vidali, Italiener, geboren in Muggio in der Provinz Triest, bescheinigt. In gewisser Hinsicht scheint sich Vidali in einer

Zwangslage zu befinden: wieder frei, aber nur aufgrund der öffentlichen Preisgabe seiner Identität; als wolle man seinen Aktionsradius beschneiden, indem ihm unmöglich gemacht wird, sich hinter den vielen Persönlichkeiten seiner Pässe zu verbergen, die seiner politischen Beweglichkeit bislang zweifellos zugute gekommen sind.

18

Die Wohnung in der Calle Dr. Balmis 137 gewinnt für Tina nach den Jahren des Herumziehens offenbar der Wert einer Zuflucht, die erste richtige Behausung, in der sie, in Erwartung der nächsten Veränderung, vorübergehend Halt findet. Die Wohnung ist bescheiden und klein; in der Regenzeit sickert Wasser durch das löchrige Dach und in der heißesten Jahreszeit verwandelt die Sonne sie in einen glühenden Ofen. Dennoch gelingt es Tina, diese Wohnung in wenigen Monaten in einen Ort zu verwandeln, an dem sie im Schatten einer Pergola aus Kletternelken, mit Blick auf die Vulkane im Hintergrund der Metropole, in Gesellschaft einer Katze und eines Hündchens, lange Tage mit Lektüre verbringt. Es fehlt nicht an Besuchen und den üblichen Diskussionen, in denen Vidali die Rolle des Clowns übernimmt, wenngleich ihn seine zahllosen Aktivitäten oft von der, wie er es nennt, »Himmelsspelunke« fernhalten.

Tina gibt ihre politische Aktivität allmählich auf, beschränkt ihr politisches Engagement auf das einsame Übersetzen von Büchern und das Abtippen von Artikeln für Broschüren der Antifaschistischen Vereinigung *Garibaldi*. Sie schreibt, sie archiviert, korrigiert Fahnen, zieht Flugblätter ab; eine immergleiche Routine. Ihre wenigen Freunde sehen sie rasch altern, obwohl sich die Zartheit ihres Gesichts und der tiefe Blick bewahrt haben. An die Stelle der rätselhaften Faszination, die alle rühmten, die zehn Jahre früher mit ihr zu tun hatten, ist der resignierte Ausdruck getreten, der auf den letzten Bildern zu sehen ist. Finanzielle Probleme zwingen sie, ihre Leidenschaft für die Photographie zu unterdrücken, die sie nie ganz aufgegeben hat. Anderen Flüchtlingen bietet sich die Möglichkeit, die Regierung um Unterstützung und Anleihen zu bitten, mit deren Hilfe sie kleine Geschäfte beginnen und versuchen können, sich nach den Katastrophen der Vergangenheit eine neue menschenwürdige Existenz aufzubauen. Vidalis offizielle »Arbeit« als Journalist am *El Popular* macht es ihr jedoch unmöglich, ihre Identität aufzudecken und ihre Anwesenheit im Land offen zu zeigen. Offenbar regt sich in ihr nur einziges Mal wieder der Wille, die Isolierung zu durchbrechen und sich mit der Tätigkeit zu befassen, die ihr die Kraft geben könnte, mit der Vergangenheit zu brechen. Die Schriftstellerin Constancia de la Mora, die Gattin des Generals Hidalgo de Cisneros, bietet ihr die Möglichkeit, ein Buch über die Region Oaxaca zu bebildern. Gemeinsam treten sie eine dreimonatige Reise an; Tina begeistert sich für das Leben der indianischen Frauen und ihren uralten Sonnenkult und für die Kunst der Indianergemeinden in der Sierra, die zu den wenigen ethnischen Gruppen gehören, die die Eroberung durch die Spanier nicht zerstört hat. Das Buch wird jedoch nie beendet. Von den vielen Bildern ist keine Spur geblieben.

In Mexico-City beginnt sie wieder mit der alltäglichen Arbeit am Abzugsapparat und an der Schreibmaschine. Diese Routine wird nur durch die regelmäßig stattfindenden Abendessen bei Pablo Neruda unterbrochen.

Am Abend des 5. Januar begibt sie sich mit ein paar engen Freunden in die Wohnung von Hannes Meyer. Manche halten dieses Essen für das Abschiedsmahl von Vidali, der inzwischen fest mit Isabel Carbajal liiert ist und der den schmerzlichen Einsichten, die in all den Jahren, die seit Spanien vergangen sind, wohl in Tina herangereift sind, unendlich fern steht. Er zieht sich früh zurück, mit der Entschuldigung, er habe noch Arbeiten in der Redaktion des *El Popular* zu erledigen. Gegen Mitternacht verabschiedet sich auch Tina mit einem Händedruck von dem Architekten des Bauhauses.

»Arrivederci, sagte sie auf italienisch, nach einem Abend, den wir mit

Gesprächen über Musik von Schostakowitsch, den Krieg gegen die Nazis und über die Möglichkeiten, illegal in Europa herumzureisen, verbracht hatten . . . Zehn Minuten später lag sie schon starr, kalt und einsam in einem Taxi.«

Die Zeitungen, die sich seit 1929 nicht mehr mit Tina befaßt hatten, sprechen ohne Umschweife von einer »typisch stalinistischen Eliminierung«, und behaupten, der Tod sei aufgrund von Vergiftung erfolgt. Verdächtigt wird Vidali, der spurlos verschwunden ist. Erst als Pablo Neruda sein Gedicht *Tina Modotti ist tot* veröffentlicht, als viele einflußreiche, der Partei nahestehenden Persönlichkeiten sich für die Verteidigung Vidalis einsetzen, verschwinden schlagartig alle Nachrichten über sie. Ein plötzliches, scheinbar unerklärliches Schweigen. Nach den flammenden Anklagen auf allen Titelseiten taucht Tinas Name nicht einmal mehr in den hintersten Spalten unter Vermischte Nachrichten auf, als habe jemand eine endgültige und unwiderrufliche Anordnung erlassen.

Auch in diesem Fall läßt sich vieles vermuten. Der Kriegsverlauf gegen Deutschland hatte einen sehr kritischen Moment erreicht, und der Einfluß der sowjetischen Botschaft sollte durchaus in Betracht gezogen werden; aber das bleiben nur Vermutungen ohne die Spur eines Beweises, Versuche, ein Rätsel zu erhellen, dessen Auflösung nur von Personen erwartet werden könnte, die nun tot sind und ihre Geheimnisse keinem Archiv anvertraut haben.

Der offiziellen Version zufolge, die Nerudas Gedicht indirekt bestätigt, gibt es kein Geheimnis, das aufzudecken wäre: ihr Herz hatte schlicht versagt, erschöpft durch die langen Jahre eines mühseligen Lebens, dem zudem die Höhenlage Mexico-Citys unzuträglich war. Auch von Selbstmord ist die Rede, falls es sich tatsächlich um Vergiftung handeln sollte. Ich sehe keinen Grund, diese These von vorneherein auszuscheiden; innerhalb weniger Jahre war von Tina nur noch ein Schatten der Frau geblieben, die Edward Weston gekannt hatte; eine passive Gestalt, die all die Wunden umschloß, die die roheste und gewalttätigste Epoche unseres Jahrhunderts hinterlassen hatte.

Die Katze verschwand über die Dächer. Das Hündchen wurde von einem spanischen Freund übernommen. Drei Monate später heiratete Vidali Isabel Carbajal. Jahrzehntelang schien von Tina keine Spur mehr geblieben zu sein. Dann tauchten in Mexiko ihre Photos wieder auf. Ausstellungen wurden organisiert, Zeitschriften und Zeitungen begannen, sich wieder mit ihrem Werk zu befassen. Biographien entstanden, die sich nahezu ausschließlich auf die vom Propagandaapparat der Partei überlieferten Wahrheiten stützten und diejenigen verteidigen, denen daran gelegen war, die vielen Verbrechen zu vergessen, die die politische Geschichte zwischen den beiden Weltkriegen geprägt haben. Und auch heute noch wird gegen die, die es wagen, an der Oberfläche heroischer Mythen zu kratzen, sofort der Vorwurf des Antikommunismus erhoben, von denselben, die dazu beigetragen haben, jene Ideale zum Synonym für Gewalt und Fanatismus zu machen. Nicht alle, die dieses wahnsinnige Räderwerk zermalmte, waren unschuldig, auch wenn viele letztlich auf dem »Recht zur Gutgläubigkeit« beharrten, auf einer Lauterkeit, die sich Ränken und der Staatsraison versagte. Heute kann dem »Sozialismus in einem Land« die Ermordung von Millionen zur Last gelegt werden. Doch bleibt, von den Umständen und Entscheidungen abgesehen, stets eine bittere Wahrheit: findet man einen Grund zu leben, heißt das vor allem, man hat einen zu sterben.

Bibliographie

Alexander, Robert J.: Trotskyism in Latin America, Stanford University (Kalifornien) 1973

Barckhausen, Christiane: Auf den Spuren von Tina Modotti, Köln 1988 [Lag dem Verfasser nicht vor.]

Brenner, Anita: Idols Behind Altars, Boston 1929

Cahiers Leon Trotzki: Nr. 3 (1979) und Nr. 26 (1986)

Claraval, Bernardo: Cuando fuí comunista, Mexiko 1944

Conquest, Robert: Am Anfang starb Genosse Kirow. Säuberungen unter Stalin, Düsseldorf 1970

Constantine, Mildred: Tina Modotti. A Fragil Life, New York-London 1975

Corneli, Dante: Il redivivo tiburtino, Mailand 1977

Deutscher, Isaac: Stalin. Eine politische Biographie, Stuttgart 1962

Encuentro de la juventud: Nr. 24 (1986), Mexiko

Frida Kahlo und Tina Modotti. Mit einer Einleitung von Laura Mulvey und Peter Wollen, Frankfurt 1982

Galvez Cancino, Alejandro: Julio Antonio Mella, un marxista revolucionario, in: *Critica de la Economia Politica*, Nr. 30 (1986), Mexiko

Gordon, S. / Allen, T.: Il bisturi e la spada. Storia di Norman Bethune, Mailand 1969

Gorkin, Julian: Cannibales politicos, Mexiko 1941

ders.: El proceso de Moscú en Barcelona, Aymá 1973

ders.: Stalins langer Arm – Die Vernichtung der freiheitlichen Linken im spanischen Bürgerkrieg, Köln 1980

Guerìn, Daniel: Né dio né padrone, Mailand 1971

Hernández, Jesús: Yo fuí ministro de Stalin, Mexiko 1953

Jackson, Gabriel: La repubblica spagniola e la guerre civile, Mailand 1979

Karol, K.S.: Guerillas in Power, New York 1970

Krivitsky, Walter: Ich war in Stalins Dienst, Amsterdam 1940

Los Universitarios: Nr. 153-154 (1979), Mexiko

Márquez Fuentes M. / Rodriguez, O.: El partido comunista mexicano 1919-1949, Mexiko 1973

Martínez Verdugo, Arnaldo: Historia del comunismo en México, Mexiko 1985

Masutti, Nella: Une petite pierre, Paris 1979. Italienisch: Una piccola pietra, Mailand 1982

Medwedew, Roy A.: Die Wahrheit ist unsere Stärke. Geschichte und Folgen des Stalinismus, Frankfurt 1973

Mella, Julio Antonio: Escritos revolucionarios, Mexiko 1978

Mieli, Renato: Togliatti, Mailand 1964

Modotti, Tina: The Book of Robo, Los Angeles 1923

Newhall, Nancy (Hg.): The Daybooks of Edward Weston, New York 1961

Nenni, Pietro: Spagna, Mailand 1976

Nexos: Nr. 94 (1985) und Nr. 98 (1986), Mexiko

Nin, Andrés: Guerra e rivoluzione in Spagna 1931-1937, Mailand 1974

Nueva Antropología: Nr. 27 (1985), Kuba

Orwell, Georges: Mein Katalonien, Zürich 1985

Pensiamento Crítico: Nr. 39 (1970), Kuba

Proceso: Nr. 335 und 344 (1983), Mexiko

Robotti, Paolo: La prova, Bari 1965

Sanchez Salazar, Leandro: Mord in Mexiko. Die Ermordung Leo Trotzkis – ein Musterbeispiel des politischen Verbrechens, Frankfurt 1952

Seniga, Giulio: Togliatti e Stalin, Mailand 1978

Serge, Victor: Carnets, Arles 1985

ders.: Beruf: Revolutionär. Erinnerungen 1901–1917–1941, Frankfurt 1967

ders.: Leo Trotzki. Leben und Tod, Wien-München-Zürich 1978

ders.: Schriftsteller und Proletarier, Frankfurt 1977

Siempre: Nr. 894 (1979), Mexiko

Spriano, Paolo: I comunisti europei e Stalin, Turin 1983. Englisch: Stalin and the europeen communists, London 1985

ders.: Storia del PCI. Bd. 3: I fronti popolari, Stalin, la guerra, 1970

Stassowa, Jelena: Genossin »Absolut«. Erinnerungen, Berlin (Ost) 1978

Tina Modotti. Fotografias, Universidad Veracruzana 1983

Tina Modotti. Fotografa e rivolizionaria, Mailand 1979. Deutsch: Photographin und Revolutionärin, Wien-München 1982

Tina Modotti. Garibaldina e artista, Circolo culturale, Udine 1973

Tommasini, Umberto: L' anarchico triestino, Mailand 1984

Tuñon de Lara, Manuel: Storia della repubblica e la guerra civile in Spagna, Rom 1966

Vanni, Ettore: Io, comunista in Russia, Mailand 1949

Venza, Claudio: Le falsità continuano, in: *Volontà*, Nr. 6 (1978)

Vidali, Vittorio: Commandante Carlos, Rom 1983

ders.: Dal Messico a Murmansk, Mailand 1976

ders.: Diario del XX Congresso, Mailand 1974

ders.: Giornale di bordo, Mailand 1977

ders: Il quinto Reggimento, Mailand 1973

ders.: La caduta della repubblica, Mailand 1979

ders.: Missione a Berlino, Mailand 1978

ders.: Ritratto di donna, Mailand 1982

ders.: Spagna lunga battaglia, Mailand 1975

Vizcaíno Pacheco, Anguiano: Cardenas y la izquierda mexicana, Mexiko 1984

Wolfe, Bertram: The Fabulous Life of Diego Rivera, New York 1973

Zaccaria, Guelfo: A Mosca senza ritorno, Mailand 1983